カントと「移行」の問題

菊地健三

晃洋書房

目次

凡例

一、ここで引用されているカント著作出版年代順一覧（日本語著作名／原書名／日本語略記／欧文略号／アカデミー版全集巻数／出版年）、二次文献は巻末の「文献一覧」を参照。

二、カントからの引用文には「欧文略号／アカデミー版巻数および頁数」を付すが、『純粋理性批判』については慣例に従い第一版をA、第二版をBと表記し、各々の頁数のみを付す。

三、カント著作の日本語訳については理想社版および岩波書店版『カント全集』を参照した。

四、引用文中の［　］は筆者注。

五、アリストテレスからの引用にかんしては岩波書店版『アリストテレス全集』（内山勝利、神崎繁、中畑正志編）に従うが、『形而上学』は欧文略記号 Met.、『自然学』は Phy.、『カテゴリー論』は Cat.、『動物の諸部分について』は De Part. を用いる。

六、カントおよびアリストテレス以外の引用文についてはその都度指示する。

序論

「自然科学の形而上学的諸原理から物理学への移行、それは自然の体系に適合した経験一般の学説的体系である」

「一方から他方への移行は1客観の物質的なもの、2主観の形式的なもの、を考慮して可能となる」（22：480. 3-5）

カント未完の遺稿著作『オプス・ポストゥムム』の主要テーマは「自然科学の形而上学的諸原理から物理学への移行」である。『オプス』はⅫの草稿束Convolutから成り、第Ⅳ束の中の「八ッ折版草稿Oktaventwurf」冒頭の表題が「自然科学の形而上学的諸原理から物理学への移行」であり、それに続いて「それらによって運動一般が可能である、その物質諸力から物質に特定の結合と他の自然諸力による変動する結合を与える運動諸力への」と記されている（21：373. 1-5）。この場合、前者の諸力は引力と斥力、後者の諸力はエーテルとみなすことができる（21：588. 20-26参照）。筆者はこの部分が『オプス』の主要箇所であると考え、この箇所を中心に「移行問題」を扱うことにする。カントはこの草稿において「移行2」から「移行14」までをアラビア数字で示しているが、アディッケスは

「移行2」以前の最初の部分を「移行1」と表記し、それによってこの草稿全体は「移行1―14」と呼ばれている（Rollmann 41, 注36参照）。カントは「移行」というこの主題にかんしてどのような理由で何をどのように移行しようとしているのかについて明言していない。そのために「移行」については多くの解釈がなされており、そのいくつかについては第五章第一節できわめて簡単にではあるが概要しておくことにする。そこで触れているように、これらの解釈は筆者には十分なものとは思えないので、本書では「移行」の根本的な問題点と、カントがなぜ移行を完成しえなかったかについて考察するつもりである。筆者の解釈では問題の核心は「一般形而上学」と「特殊形而上学」というカントの哲学上の区分にあり、この点にかんしてとりわけ重要な鍵となるのは「媒介機能」であり、「移行／媒介機能」問題にかんしては実体、エーテルおよび統覚等の諸概念が要点となるだろう。

カントは「第一批判」においてヴォルフを絶賛し、ヴォルフが「学問の確実な歩みが行われうるという実例をはじめて与え……、まさにそれゆえにいまある形而上学のような学問をこの状態にするのにことさら巧みであった」（BXXXVI）とみなしている。そしてカントの哲学区分はほぼヴォルフを踏襲しているが、しかしヴォルフ的内容はかなり修正されている。つまり、ヴォルフは「学としての哲学」を「純粋哲学」（形而上学）と「応用哲学」とに区分し、前者をさらに「一般形而上学」（存在論）と「特殊形而上学」とに区分している。そして特殊形而上学は「宇宙論」、「合理的心理学」（魂の不死等を扱う）および「自然神学」の三部門に区分されている（酒井、二〇一三、八八、注3参照）。カントは哲学の最上位に「形而上学」を位置づけ、それを「自然の形而上学」（『純粋理性批判』を予備学とする）と「人倫の形而上学」（『実践理性批判』を予備学とする）とに区分し、これらを「真の学問」とみなしている（B860以下参照）。カントは何よりもまず「ア・プリオリに与えられているもの」にかかわっていることを「形而上学的」と形容しているが（B36参照）、「移行」は主として「自然の形而上学」にかんするものが扱われており（第五章第二節において「人倫の形而上学」にかんする移行も考察するつもりである）、「自然の形而上学」はコペルニクス的転回以降「一般形而上学」と「特殊形而上学」とに区分されることになる。この場合、ヴォルフによる「特殊形而上学」の三部門をカントは一般形而上学における「諸理念」として取り入れている。カントはヴォルフにおけるようにそれら諸理念の対象の超越的な現実存在を問題としてはおらず、諸理念を形式論理学の選言判断に基づいて導き出し、その現実存在を証明することは不可能であるが、しかしそれらを仮定しておけば経験的諸現象について理論的かつ整合的に説明しうる、そのような三つの純粋理性諸概念を諸理念と称している。例えば「世界の存在」は経験的に認められ、充足理由律に基づけば存在しているものには必然的にその原因が求められなければならないゆえに、世界が存在している以上最終的に世界の存在にかんする「第一原因」が求められねばならないことになる。そしてこの第一原因を「神」とみなすなら、「神の存在」は証明されえないにしても、「神の存在」を仮定しておくとすれば、少なくとも充足理由律に基づいて、「世界の存在」の根拠として「第一原因」としての「神の存在」という理念を整合的に要請しうることになる。

　またカントの「コペルニクス的転回」は従来の「存在論」にかんするカントの発想の大転換であり、この「転回」以降明確にカントは批判的立場に立脚することになったのである。つまり、アリストテレスは「存在とは何か」という問いは結局「実体とは何か」ということであるとみなし（Met. VII 1. 1028b4）「存在《オン》」と「実体《ウーシア》」とを同一視しているが、この場合存在が第一義的に意味しているのは「存在を存在として研究する」第一哲学の対象としての普遍的存在である（同 IV 1. 1003a21-25 参照）。これに対し『自然学』の対象である諸存在は「感覚されるもの」、つまり質料と形相との結合体（個物）である（同 XII 1. 1069a30-36 参照）。カントが客観的認識の対象として扱っているのはこのような個物としての実体であるが、しかしアリストテレスが自然学の対象としている実体は人間の意識を超越している自存する超越的存在であるのに対し、カントはコペルニクス的転回によって、存在しているものは人間の意識とは切り離せないという立場から、存在の考察にかんして大転換を企てたのである。これが「超越論的存在論」（認識論）である。したがってカントは伝統的なアリストテレス的超越的存在論を超越論的認識論へと転換したことになり、「第一批判」の「感性論」および「分析論」においてこの問題が詳細に論じられている（A64/B89 以下）。またアリストテレスがカテゴリーに空間と時間にかんするものを含めている点をカントは厳しく批判している（A79-81/B105-107,『プロレゴメナ』§ 39, 323 参照）。なぜなら、超越論的立場において空間と時間はア・プリオリな純粋直観であるのに対しカテゴリーは純粋悟性概念であり、直観と概念とは各々異種的な根本的認識能力とみなされているからである。アリストテレスがカテゴリーに空間的時間的概念を含めているのは、彼が意識とは切り離された超越的な「自存する存在」を問題にしているからにほかならない。カントは「超越論的認識」を意識とは切り離せない認識とみなし、「対象についての認識の仕方がア・プリオリに可能である限りにおいてこの認識とかかわるすべての認識」(B25)と規定している。つまり、カントにとって認識諸能力はア・プリオリな能力であり、「超越論的認識」は「ア・プリオリな認識諸能力」と、これらの諸能力に基づいて構成される諸現象(諸表象)としての「ア・ポステリオリな認識諸対象」との関係を基盤とした認識、つまり「ア・プリオリな総合判断」による認識とみなされているのである。この点において、ア・プリオリにのみ条件づけられたライプニッツ的認識とも、ア・ポステリオリにのみ条件づけられたロック的認識とも明確に区分されることになる。カント的な超越論的認識にとって「神の存在」や「英知的な諸物自体の実在」とまったく同様、アリストテレス的な「自存する外的存在」は認識諸能力を超越し、意識とは無関係に実在するとみなされた「超越的存在」にほかならないのである。とはいえ、カントもまた「転回」以前の自然哲学的諸論考では、超越的存在を考察しており、さらに批判期の著作『自然科学の形而上学的諸原理』においても、また遺稿著作『オプス』においても超越的存在を問題としているのである。

つまり、「転回」以前の前批判期におけるカントの自然哲学は一般に一方ではライプニッツやヴォルフに影響され、他方ではニュートンに影響された超越的存在論に立脚しているが、批判期には『原理』においても超越的存在を扱っているのである。『原理』（一七八六）は「第一批判」のA版（一七八一）とB版（一七八七）の間に公刊された批判期の著作であるにもかかわらず、そこでは前批判期における自然研究が再度取り上げられている。ただしここでは前批判期におけるような超越的存在ではなく、転回の成果を踏まえ、前批判期の立場に大幅な修正が加えられて（第三章第二節参照）、諸カテゴリーの適用による超越的存在の一般的諸原理が考察されているのである。つまり、現象や表象ではない、「自存する物質そのものの一般的原理」が諸カテゴリーに従って自然学上の四つの原理として分析されている（この著作の題名が「諸原理」と複数で表記されているのはそのためである）。カントは「自然の形而上学」にかんして「超越論的部門」（「第一批判」）と「一般的物体論」（『原理』）とを切り離す必要があり、後者を前者とは「独立した体系である」と明言している（MAN. 04 : 477）。そして『原理』において、カントが一般的物体論という超越的存在論に超越論的諸カテゴリーを適用しているのはこの物体論を「ア・プリオリな体系」として構成するためである。要するに、ア・プリオリな体系だけが「学」として存立しうる唯一の条件とみなされているのであるが、ア・プリオリな体系はア・プリオリな認識諸能力によってのみ可能となるゆえに、物体論を学として確立しうるためには超越論的諸カテゴリーを物体論に適用する必要があったのである。しかし『原理』の試みは不十分なままであり、そこでカントは最終的に『オプス』において超越的領域と超越論的領域との間の「移行計画」を構想することになったと考えられるのである。ただし、『オプス』の移行計画で扱われる物理学は『原理』を継承した超越的存在論を基盤としながらも、ここでの物理学の原理はア・プリオリなエーテルであり、エーテルがア・プリオリである限りにおいて、『オプス』での物理学はこれ以前の「経験的物理学」とは明確に区分されなければならないことになる。また「エーテル演繹」では「エーテルの存在証明」が諸カテゴリーの適用によって試みられている。つまりここでも、『原理』同様、超越的観点と超越論的観点とが交差しているのである。そしてエーテルにかんしては、多くの解釈者が指摘するように、「第一批判」の「原則論」、とりわけ「経験の第一類推」で論じられている「実体」ときわめて類似した記述がみられ、特に両者の「媒介機能」は注目に値する（第八章第一節参照）。以上の点を踏まえたうえで二つの「形而上学」の問題から考察することにする。

第一章　一般形而上学と媒介機能

一般形而上学は超越論的認識論であり、「感性論」および「分析論」における「カテゴリー論」と「原則論」で展開されている。そこではア・プリオリな主観的認識諸能力の使用が経験領域に厳密に限定され、自然諸法則に従う普遍的で必然的な客観的認識の可能性が分析されている。つまり、ア・プリオリな認識諸能力は「可能的経験一般のア・プリオリな条件」であると同時に、ア・ポステリオリな「経験の対象の可能性の条件」でもあり（A111）、したがって「ア・プリオリな総合判断」の可能性の条件なのである。このような想定に基づけば、一般形而上における「自然科学の形而上学的諸原理」とみなされるのはア・プリオリな認識諸能力、およびそれらに基づく、とりわけ諸カテゴリーに基づく「物質についての諸原則」（直観の公理、知覚の先取、経験の諸類推および経験的思考一般の要請）である。

1　カテゴリー論と図式

移行問題を考察する場合に、後々決定的な役割を演じることになるのは「媒介機能」であるが、カントが基本的に問題としているのは分析論で扱われている「図式」の「媒介機能」である。これに次いで原則論では「実体」が媒介として機能しており、カント的実体概念は超越論的立場においてはライプニッツ的単純実体（モナド）の否定によって規定され、それは同時に前批判期における自らの実体概念をも否定することになる。

次節で詳論することになるが、ライプニッツの単純実体は「絶対的に内的な諸規定」に基づく「それ自体で存立している理念的モナド」であるのに対し、「第一批判」における超越論的実体概念は「空間における相対的な外的諸規定」とみなされている。またライプニッツのモナドが悟性領域においてのみ認識され、それ自身延長していないのに対し、「原則論」における「経験の諸類推」で論じられている実体は感性的領域における「諸実体」と、その関係の総体である「実体」（A265/B321）とに区分されている。つまりカントにおいては単数の「実体」と複数の「諸実体」とが基本的に区分されているのである。そして諸実体は知覚の対象であるが、その総体である実体は知覚の対象ではありえず、カテゴリー論の実体のカテゴリーにおける「実体一般」に呼応している。カントにおいて実体は、本章第三節で考察するように、基本的に感性的領域の問題とみなされているにもかかわらず、「原則論」ではこの点は必ずしも明瞭ではない。なぜなら実体は一方では感性的に規定され、他方では概念的に規定されているとみなされているからである。この問題についてまずカテゴリー論から考察することにする。

純粋統覚が諸判断を行うための純粋悟性概念の機能がカテゴリーであり、カテゴリー論ではカテゴリーのこの機能が、たんに形式的な伝統的論理学をカント的に修正した、認識諸対象の表象をも問題としうる「超越論的論理学」によって分析されている。カント的なこの論理学において、諸カテゴリーは認識諸対象について概念的に規定する機能であり、基本的に認識諸対象の知覚に基づく「現象（表象）」とは「異種的」とみなされている。客観的認識は「カテゴリー」という概念的判断機能がこの機能とは異種的な「現象」に適用されることによって、つまり「異種的」な両者が媒介されることによって成立しうることになる。そして両者を媒介する機能が「図式」である。

「量と質のカテゴリー」は数学的カテゴリーと称され、ここでは数学的自然科学、とりわけニュートン力学との関係がカントの念頭に置かれている（したがってこれらのカテゴリーは正確には「数学的／力学的カテゴリー」と称されるべきである）。他方「関係と様相のカテゴリー」は動力学的カテゴリーと称され、それは力学のように現象界に制限されているのではなく、現象界を超えた領域をも視野に収めていることになる。以上の諸カテゴリーの区分は「原則論」および「二律背反」とも密接に関係しているが、この点については本章第三節原則論の最終段落以降で触れることにする。そして概念と現象とを媒介する「第三のもの」が「図式」であり、図式は超越論的論理学における媒概念として「超越論的時間規定」とみなされているが、カントは幾何学的図形によって具体的にこの図式の媒介機能を説明している。つまり、何もイメージせずにただ線を引いている場合と違って、三角形や四角形のような一定の幾何学的図形を描こうとするなら、それを実際に描く前にその図形を必ずイメージしている。あらかじめ「頭の中で引いてみないとすれば」、その図形の「どのような線も考えることはできない」（B154）からである。このあらかじめイメージされた図形が「図式」であり、それはまず一本の線として、さらにその他の線との組み合わせとして空間的に現象するが、これらの線は一つの点から次の点へと順次時間的に継起することによって構成される。つまり「空間的現象」は「時間的継起」に基づいてのみはじめて生成することになる。そこでカントは空間と時間という二つの直観形式のうち時間のほうがより根源的であるゆえに（B50–51参照）、図式を「超越論的時間規定」とみなしているのである。実際、音のような空間規定を欠く現象は存在するが、すべての現象は、「音」も含めて、必ず時間的に規定されており、さらに対象を認識している意識の流れそのものは空間規定を欠く時間規定に他ならない。

線の組み合わせによって形成されるこのような図形は、それが現存する以前に、「現在していない対象」として空間的時間的直観形式に基づいて想像《イメージ》され、その後にはじめて現実的に構成される。そしてこのように想像として対象を構成する能力は「産出的構想力」(想像力)とみなされている(B151)。想像された例えば三角形は具体的に描かれるすべての三角形に適合する「図形一般」であり、これを欠けばどのような具体的図形(直観内容)も生み出すことは不可能である。この「図形一般」としての「図式」は「三角形一般」(普遍的概念)と「直観内容」(特殊)とを媒介する一般形式であり、普遍のもとに特殊を、概念のもとに直観を包摂する媒介機能を果たしていることになる。

以上のように図式は時間的継起として規定されているが、その限りにおいて図式は現象と「同種」である。なぜなら、すべての現象は時間的に規定されているからである。他方図式は実際に経験的に描かれる以前にア・プリオリに「一般的形式」として規定されており、その限りでカテゴリーと「同種」である。なぜなら、図式は内容を欠いた純粋な一般形式として概念的に規定されているからである。このように図式は一方では現象(特殊)と、他方ではカテゴリー(普遍)と同種であり、したがって両者を媒介することを、つまりア・プリオリな普遍のもとにア・ポステリオリな特殊を包摂することを可能としうることになる。したがって図式は「ア・プリオリな総合判断」の可能性のための不可欠の媒介的条件なのである。カントにとって「ア・プリオリな総合判断」だけがすべての可能的経験を可能とする基盤なのである。カントは図式が時間規定であるゆえに、図式を「直観的な感性的条件」とみなしており、各カテゴリーによるたんなる概念上の規定はこのような感性的条件とかかわることによってのみ可能的経験のための条件となりうるのである(ただし「図式」は「時間規定」である限り、厳密には「直観的規定」であって「概念規定」ではありえない)。このような感性的条件である諸図式を扱っているのが「原則論」である。そして「原則論」において最も基本的な基準となるのが「実体」概念であり、先に触れたように、カントの実体概念はライプニッツ的実体概念を超越論的立場において根底から否定することになる。そこで原則論を扱う前にライプニッツの実体概念とカントによるその否定について考察することにする。

2　ライプニッツの単純実体（モナド）とカントによるその批判

ライプニッツが微積分計算の優先権をめぐってニュートンと争ったことはよく知られているが(酒井、二〇〇八、九九—一〇一参照)、数学上の天才ライプニッツは微積分の無限小概念を自然哲学に適用している。つまり自然哲学上の無限小概念は単純実体とみなされ、単純実体に基づく思考法を展開することになり、この観点はさらに論理学にも適用されている(同　一三七—一三八)。論理学は普遍学とみなされ、人間の理性が神の理性と連続しているゆえに、「論理学を完全に知ること」が「神の知を知ること」になるとみなされているのである(同　一三九—一四〇)。また「概念の結合」と「数学の計算」とが同一視され、概念は「存在しているもの ens」にかかわるとみなされている。そして概念を分析することによって「部分概念」へと還元する手続きが重視され、このような部分概念は最終的に「単純実体」へと記号化され、記号化された単純実体の結合によって諸々の概念が得られるとみなされているのである。要するに、単純実体はいわば「人間的思考のためのアルファベット」と考えられているのである（同 一四一―一四二）。カントはア・プリオリな「分析判断」とア・ポステリオリな「総合判断」とを明確に区分しているが、カント的見地からすればライプニッツは分析判断にのみ立脚し、しかもその立場から「存在しているもの」をも導き出そうとしていることになる。つまり、このような概念分析に基づく分析判断においてすべての述語はあらかじめ主語に含まれており、ライプニッツはこのような論理的関係を「真理の本質」とみなし、真理は存在にかかわる「事実真理」をも含んでいると考えているのである。こうして論理学と普遍数学および普遍学は同一視されていることになるが、ここには既知のものについての「判断術」と未知のものについての「発見術」とが含まれている（同 一四三―一四六）。これらの観点を踏まえたうえで、ライプニッツ的モナドについて概観することにしよう（以下ライプニッツの著作にかんしては酒井、二〇〇八および Edward に依拠している）。

二〇代のライプニッツは幾何学的なデカルト的「単純機械論」に立脚し、基本的に力の概念を欠いていたが、一六九五年『新説』において単純実体を形而上学的点とみなし、これをモナドと称するようになる。同年の『力学試論』においてライプニッツ的力学である力動論 dynamica（筆者はこれをカント的動力学と区分するために力動論と訳すことにする）を展開し、これによって力を扱うことによってデカルトを批判することになる（酒井、二〇〇八、一九〇）。力は、神のおかげで、増減することなく維持され、一つの実体内部ならびに諸実体間で作用し、後者における力の関係が「予定調和説」の基本となっている（同 一九〇―一九一）。一つの単純実体は「一」(unum) であり、それは「多」を含み、この「多」が諸現象、つまり「存在するもの」と置換可能であるとみなされている。したがって単純実体は「一における多の統一」であり、知覚は「一における多の表出」（『ライプニッツ哲学著作』（以下GPと略記。GP. III. 69）とみなされている。ライプニッツはデカルト的二元論を克服するためにアリストテレス的個物（質料／身体と形相／精神の混合物）を再構築していることになる（Edward. 66）。そして「一」を生み出すものが力であり、「一」においては「精神的実体」が「物体《コル》（身体《プス》）」に影響を与え、精神的実体に内在する力が身体の運動の原因であり、この力によって身体の運動が可能となるのである。ライプニッツはこのように想定することによってデカルト的心身二元論を解決し、デカルト的実体観を否定して実体一元論を確立しようと試みていることになる。そしてこの力こそモナドの「内的規定」とみなされているのである。

ライプニッツのモナドはギリシャ語「モナス」に由来している。モナスは「一から成るもの」であり、自らのうちに内在する「多を統一する力」を意味している。モナドの基盤はこのような自己活動的な力であるが、この自己活動性はしかし完全に神によって予定調和されており、これによってきわめて観念的なライプニッツ独自の形而上学的モナド概念と力動論とが基礎づけられることになる。そしてモナドの統一活動は「表象（知覚）」と称され、「表象の推移」は「欲求」と称されている。表象活動においてはすべての表象内容はあらかじめ表象の内部に含まれており、先に触れたように、ここでは分析論的展開が示されている。そして「一における多の表出」は意識の内部が外部へと投影されたものを意味し、この投影によって現実世界における諸表象が可能となるが、これらすべての過程は神によってア・プリオリに定められていることになる。「表象（知覚）」や「欲求」という構想は、少なくとも私には理解困難であるが、「一における多の表出」についてライプニッツは「プラトン的想起説」を支柱としている（『モナドロジー』（以下MOと略記。MO. §18）。いわばイデア界における真理（「一」）のうちに現実世界におけるすべての表象（「多」）が含まれていることになり、対象意識は同時に自己意識であるとみなされているのである（以上酒井、二〇〇八、二四八―二五三）。後に触れるが（本章第四節）、この構想の背後にはアリストテレス的実体概念も含意されていると考えられる。

さらに実体間相互の力関係についてライプニッツは「窓を持たないモナド」の関係を基盤としている（GP. VI. 607）。窓を持たない各モナドは互いに交流することなく、それ自体で孤立した状態にある。つまり各モナドは「個別化の原理」（MO. §§8.9 および GP. VI. 608 ff. 参照）に従っているのである。しかしこの状態では各モナドによるどのような合成体も不可能になってしまうので、合成体の不可能性を回避するためにモナド間の予定調和という構想が導入されることになり、その説明として「時計」が例示されている（酒井、二〇〇八、二五六―二五七参照）。ちなみに、ライプニッツにとっては「各モナドがそれぞれ時計」であるが、時計のこの例示を継承しているヴォルフにとっては「全世界が一つの時計」であり、この時計の各部分は「神的英知を表現している目的に役立つたんなる構成諸要素」とみなされている（Hahman, 26–28 参照）。

このようなライプニッツの構想についてカントは「第一批判」分析論・付録において「ライプニッツは諸現象を諸物自体そのものとみなし……純粋悟性の諸対象」とみなしており、しかも「これら諸対象をフェノメナと称している」（A264/B320）、と批判している。さらに「著名なライプニッツは……すべての物をたんに諸概念によって相互に比較したにすぎず……感性的直観の諸制約を根源的なものとみなさなかった。というのも感性は彼にとってただ混乱した表象にすぎず、また諸表象のいかなる特殊的原泉でもなかったからである。現象は……彼にとっては物自体そのものの表象だったのである。……一言でいえばライプニッツは諸現象を知性化したのである。丁度ロックが悟性諸概念を……ことごとく感性化したのと同様である」（A270–271/B326–327）、と根本的に批判している。

カントの「物自体」あるいは「物自体そのもの」についてはこれまでさまざまに解釈されており、一義的解釈は困難であるように思える。しかしこのライプニッツ批判においてはライプニッツが支柱としている「プラトン的想起説」との関係において「諸現象を物自体そのものとみなしている」点が批判されている限りでは、少なくともここでは「物自体」と「プラトン的イデア」とが関連づけられていることになる。また物自体は理論的領域においてだけではなく、実践的領域においても、例えば、「人間の魂の意志の自由」等として想定されており、いずれの領域においても物や自由が「現象と物自体」という「二様の意味で」考察されている（BXXII参照）。さらに「第一批判」における「超越論的理想」では「物自体そのもの」が「超越論的神学の対象」とみなされている（A575–580/B603–608）。「理想」については後に触れることになるが（第三章第一節）、「物自体そのもの」とみなされている「理想」はわれわれ人間には「完全に知られないまま」であり（A579/B607）、また「内官の対象（魂）と外官の対象」とが「異種性」であるのは現象においてだけであり、「物質の現象の根拠として存している（zum Grunde liegt）物自体そのもの」の次元においてこれらの対象は「おそらく異種的である必要はないであろう」（B427–428）と推測されている。これらの観点を考慮すれば、理論的および実践的領域におけるすべての物自体（そのもの）が存している何らかの領域をカントは想定しているとみなすべきであり、哲学史的に考量すればこの領域はプラトン的イデア界に該当することになろう。プラトンにとってイデア界は「自体的存在の世界」にほかならないからである。あるいはプラトン―アリストテレス的な形相（形式）的原理の世界をカントはすべての物自体（そのもの）の領域として想定しているという解釈が可能となるであろう。そしてカントのライプニッツ批判の要点はライプニッツがこのような物自体そのものを、「感性的直観の制約」をまったく考慮せずに「フェノメナと称している」点にあり、「完全に知られないまま」の物自体（そのもの）を認識の対象とみなしている点にある。カントの超越論的認識論にとって感性的直観の制約である諸図式は可能的経験の最も重要な条件の一つなのである。そしてこのような諸図式を含む「原則論」は「図式論」とみなすこともできる。

「原則論」を扱う前に、カント周辺の哲学者たちの考えをハーマンに依拠して簡単に要約しておくことにする（以下クルージウス、クヌッツエン、およびバウムガルテンの引用文はハーマンに依拠している）。ヴォルフに対立する形而上学のハンドブックを著わしているのはクルージウス（一七一五―七五）であり、ヴォルフへの批判は「実体の内的規定」、特に「精神的実体」と「物理的実体」の合成という問題に集中している。ケーニヒスベルク大学でのカントの師クヌッツエン（一七一三―五一）もこの問題でヴォルフを批判しているが、三者ともに精神（心）を単純実体とみなしている点では共通している（Hahman, 29）。クヌッツエンは心を「一人の主体において変わることのない主観」と定義している（Knutzen, §§1・2）。また物質的実体を含めたすべての単純実体に「理想的表象力」を帰しており（同§31）、この点ではヴォルフに反しライプニッツを継承しているが、ヴォルフと同様単純実体が非物質的であるとみなしている。また「物質の個々の部分はすべて諸実体」であり、「実体そのものは多くの諸実体の連関、あるいは総体と称せられうる」（同§5）とみなし、カント的な「実体／諸実体」の関係と同様ヴォルフに反し、バウムガルテンと一致している（Baumgarten, §234）。ただしクヌッツエンは物質を精神によって構成されているとみなしており、統一ある理論とはなっていない（以上Hahman, 30-31参照）。バウムガルテンは「物質の構成要素」をヴォルフとまったく同様「自然的原子 atom naturae」（Baumgarten, §424）とみなすと同時に非物質的な「理念的本性」ともみなしており、この点でライプニッツに従っている（同§414）。バウムガルテンのこの考えは結局ライプニッツとヴォルフとを折衷した、あいまいな理論となっている。そして諸実体と諸モナドとが区分され、前者は「運動因に基づく運動法則」（力学）に従う「機械」とみなされ、後者は機械ではないとみなされている（同§405参照）。したがってここでもライプニッツとヴォルフとの折衷がみられる（以上Hahman, 31-32参照）。ただし、バウムガルテンはライプニッツにはみられなかった「目的論」を用いて、『形而上学』では「世界を創造するにあたって神の目的は被造物の完全性である」（Met. §94b）と明言している（酒井、二〇一三、一〇一）。

これに対しクルージウスはライプニッツとヴォルフのような単純実体の「内的諸規定」（力）を認めておらず、諸実体とその諸力を神に帰している。つまり、「神が有限な諸実体を生じさせ……これら諸実体に根源力を与え」ており、「諸表象、意志の活動、その他心の状態」である「魂的実体の力」は神によって基礎づけられているとみなされている。またライプニッツに反し、「魂的諸実体は表象能力」を持つが「物理的諸実体はもっぱら運動諸力を通じて相互作用を行う」（Crusius, §19参照。以上Hahman, 35-36）とみなされている。さらに「有限な諸実体は不可入性」によって規定され（Crusius, §19）、「運動する能力」である「物質」は「思考し、努力する力」としての「魂からは本質的に区分されている（同§61、§72参照）。そして「運動能力だけを持つ諸要素」は「速度、持続、その他」によって「可能的に区分」され（同§70）、この点にかんしてはライプニッツを受容している。したがってクルージウスは物体的諸実体と魂的諸実体とは「二種類の根源的活動性」とみなしていることになる。また「物質としての実体」は有限なわれわれとは別の「自存する本性」として「形而上学的主体」（同§56）であり、「完全な仕方においてそれ自体で存立」している「諸要素」として「自然の現実的な最初の統一体」であるが、「あまりに微細」なので、「感性的に知覚されることはない」ともみなされている（同§107）。さらに空間は「実体ではなくたんに抽象されたもの」にすぎず、「空間の無限の分割可能性」という「数学的性質」は「たんに見かけの問題であり」（同§66）、「諸物体の現実的性質」には認められないことになる（同§62）。そしてもし「諸要素」が「量も形態も持たない」とすれば「どのような物体をも形成しえない」（同§68）ことになってしまうので、「諸要素」は「一定の量と形態を持ち」（同§72）、「物体の延長」は「諸要素の結合の結果」（同§108）とみなされている点でライプニッツとヴォルフとは逆の見解である。また「無限の実体はすべて可能的空間を占めている」（同§49参照）とみなされ、したがって空虚な空間は存在しないことになる。ただし「われわれの諸感官」は「最小の諸実体を知覚しえない」ゆえに、実体間の「間―空間」も「知覚しえないことになる」（同§77）。ライプニッツも空虚な空間を「無意味」、あるいは「形而上学的な作り事」（GP. IV. 519）とみなしており、この点ではクルージウスと一致している。

このように要約してみると、これらの哲学者たちのカントへの影響とカントによる批判とをうかがい知ることができるであろうが、この問題はここでの主題ではない。原則論に戻ることにしよう。

3 原則論
——実体、図式、類推——

（1） 最高原則、および超越的存在の類推と三つの原則

「原則論」冒頭には「すべての総合判断の最高原則」として、「いかなる対象も、可能的経験における直観の多様の総合的統一の必然的制約に従っている」と記されている。その意味は、経験可能なすべての対象は「空間的時間的に与えられる感覚的諸知覚の諸表象」（直観の多様）を「構想力が結びつけ」（総合し）、それを「統覚の機能である諸カテゴリーの判断に基づいて、ほかならない〈私＝統覚〉のもとにもたらされること」（統一）によってのみ認識されるが、このような認識の諸過程はすべて認識諸能力の必然的制約に従っている、ということである。「直観の純粋形式」（空間と時間）および「純粋統覚と諸カテゴリー」はア・プリオリに主観に備わっているのに対し、「直観の多様」はア・ポステリオリ（総合的）に与えられる。したがって、ここで「すべての総合判断」という言い方で念頭に置かれているのは「ア・プリオリな総合判断」にほかならない。そして「直観の多様」と「純粋悟性概念《カテゴリー》」とは「異種的」であり、「図式」によってこの両者を結びつける必要があるが、図式は構想力によって産出される。したがって、「最高原則」では感性論と分析論の全体が最も簡潔に要約されていることになる。そして「原則論」で詳述されているのはライプニッツが考慮していなかっ

た認識の感性的条件としての諸図式の機能である。その要石となるのが「実体／諸実体」とその時間的空間的関係であり、この問題は基本的に「関係のカテゴリー」にかんする「第三の原則」、つまり三項から成る「経験の諸類推」で扱われ、そこでは「一般形而上学」の問題として、「特殊形而上学」の対象である超越的に自存する物質や物体が超越論的に類推されている。なぜなら、一般形而上学では主観に備わっているア・プリオリな認識諸能力の諸機能が分析されるにとどまり、「自存する超越的諸客観」はここでは類推される以外にはないからである。というのも「物質はそもそも純粋悟性の対象ではない」（A277/B333）からであり、感覚的内容は表象として「たんに主観的対象にすぎない」（B207）からである。それにもかかわらずカントが超越的諸客観を常に念頭に置いていることは「観念論論駁」において明瞭に示されている。つまり、「観念論は……われわれの外部の空間の中に存在する諸対象の現存をたんに疑わしい証明しえないものと言明するか、そうでなければ、偽りで不可能なものと言明する理論である。前者は……デカルトの蓋然的観念論である。後者は……空間中の諸物をもたんなる空想と言明するバークリーの独断的観念論である」とみなし、カントは超越的存在を疑問視するこれらの観念論を論駁しているのである（B274-275）。『プロレ』でも観念論に対して、カントは「われわれの外部に物体が……存在しているということを承認し……この物を……表象によって知るのであり、この表象はわれわれに物体という呼称を与える」（Prol.04：289）と述べている。こうした物体が「それ自体として何であるかについてわれわれは何も知らない」（同）が、しかしこのような物体をカントは物自体と想定しているわけではないだろう。なぜならわれわれの外部に存在する物体は少なくとも超越論的神学の対象とみなされた「理想」としての「物自体（そのもの）」ではありえないからである。「原則論」に戻ることにしよう。

「原則論」では（一）量のカテゴリーにかんする原則（直観の公理）、（二）質のカテゴリーにかんする原則（知覚の先取）、（三）関係のカテゴリーにかんする原則（経験の諸類推）、（四）様相のカテゴリーにかんする原則（経験的思考一般の要請）が扱われている。これらの原則はすべて超越的諸対象を類推し、これらの対象の諸表象と諸カテゴリーとを媒介する図式を感性的条件として扱っている。「類推」が一般に「既知のものとの類似に基づいて未知のものを推理すること」であるとすれば（『カント事典』、五四五参照）、類推は（三）についてのみ該当するわけではない。つまり（一）の場合、これまでに経験してきた「既知の諸対象の表象」に基づいて、「未知の諸対象」を類推し、ここから「すべての直観は外延量である」という普遍的原則が導出されることになる。その図式は「時間系列」である。（二）も同様に、既知の知覚に基づいて未知の知覚が類推され、ここから「知覚可能な対象はすべて内包量を持つ」という普遍的原則が導出されることになる。その図式は「時間内容」である。（一）における図式「時間系列」は「時間系列に従う諸対象の表象」と「量のカテゴリー」とを媒介し、これらの表象が時間的な「外延量」であると同時に、時間系列にともなうこれら諸表象の空間的延長も「外延量」として、ともに直観的に延長する量であることを示している。（二）における図式

「時間内容」は、「時間系列とともに変化する知覚内容」、例えば葉の色彩の変化や林檎の味覚の変化という知覚に含まれている内包量と「質のカテゴリー」とを媒介し、知覚内容がすべて質的度合（内包量）を持っていることを、知覚に先立って、知覚の質として示している。（一）と（二）は「力学的公理」であり、いずれも感性的領域にのみかかわっている。これに対し（三）と（四）は「動力学的原則」であり、感性的領域と英知的領域双方にかかわる原則である。

（三）の原則「経験の諸類推」ではA、B、Cの三つの類推が扱われている。Aでは知覚可能な変遷する諸実体の表象に基づいて、これらの変遷する諸実体の基体として、変遷を可能とする「持続する実体」が「図式」とみなされている。この「時間的に持続する実体」は「自然の中では増減しない量」であり、「変遷する諸実体」と「実体のカテゴリー」とを媒介している。「増減しない量」についてカントは「煙の重さ」を例として挙げている。つまり、煙の重さは「燃やされた木材の重さから残った灰の重さを引くこと」によって知ることができ、これに「実体のカテゴリー」を援用すれば、「木材」が「実体」であり「煙や灰」が「属性」である。したがって木材という実体は「火の中にあってさえ……消滅せず、変わるのはその形式だけ」（A185/B229）であり、煙や灰という諸実体（属性）として「形式だけ」を変遷しており、増減することなく持続し続けていることになる（A185/B228）。ただし、実体という図式はこのような媒介機能以外にも図式として機能しているとみなしうるが、これについては次項（2）において再度考察することにする。

Ｂではすべての多様なものが原因から結果へと時間的に継起しているという現象（表象）に基づいて、この因果性に従う「時間的継起」を「図式」として、「これらの現象」と「因果性のカテゴリー」とを媒介し、「すべての変化は原因と結果の連結の法則に従って起こる」という普遍的原則が導出されることになる。またＣでは同時存在しているものとして知覚される諸実体相互の表象に基づいて、「相互性の法則に従う同時存在」を図式として、「諸実体相互の同時存在の表象」と「相互性のカテゴリー」とを媒介し、「すべての諸実体は一貫した相互作用のうちに実在している」という普遍的原則が導出されている。ただし、Ｂにおける「因果性」とＣにおける「相互性」とは、Ａにおける実体の場合と同様、これ以外にも媒介として機能しているとみなすことができ、これについても次項（２）において再考察することにする。そして以上のＡ、Ｂ、Ｃ諸原則の図式は各々持続性、継起、同時存在という諸原則に共通している「時間秩序」である。

（２）　第四の原則と二律背反

最後に（四）の原則「経験的思考一般の要請」であるが、ここでもＡ、Ｂ、Ｃという三つの類推が扱われている（A218/B265-266）。Ａは「可能性」であり、ここでは「ア・プリオリな直観とカテゴリーという経験的諸形式の諸制約に合致する既知の諸現象」に基づいて、未知の「この制約に合致するすべての現象は認識可能である」という「可能性」にかんする普遍的原則が導出されている。Ｂは「現実性」であり、ここではAに該当し、さらに既知の「感覚的に知覚しうる諸現象の実在の表象」に基づいて、未知の「感覚的に知覚しうるすべての現象は現実的である」という「現実性」にかんする普遍的原則が導出されている。カントは既知の「引き寄せられた鉄粉の現実的な知覚」から未知の「磁気物質の現実存在」が類推されうるという実例を挙げている（A226/B273）。Cは「必然性」であるが、これを理解するためには「原則論」の構成全体との関係を、さらに（四）「要請」のA、B、Cの関係全体を考慮する必要がある。くどくなるが一つずつ少し詳しく考察することにしよう。

　数学的／力学的原則（一）および（二）は諸現象を量（外延量および内包量）として構成する（A179/B221）のに対し、動力学的原則（三）および（四）では、「結合」という観点から、（一）および（二）との基本的相違が次のように説明されている。数学に基づく（一）と（二）の結合「合成」は「同種的なものの総合」であり、カントの例では「正方形は二個の三角形の総合である」というように、同種的な二つの三角形を総合したものであり、「互いに必然的な関係を持たない」総合である。そもそも「数」そのものが同種的であり、「1」という数は、例えばリンゴ一個や一人の人間のような質的存在を捨象した、抽象的で同種的関係だけを示しており、例えば「2+3=5」は同種的総合を示している。さらに数学に基づく力学もまたこのような同種的総合に立脚していることになる。これに対し動力学的と称されている（三）と（四）の結合「連結」は、二つの因果関係に基づく結合に区分され、「必然的に相互に属しあう」総合である。つまり、（三）「経験の諸類推」の因果関係は「現象相互の物理的結合」、（四）「経験的思考一般の要請」の因果関係は「現象の形而上学的結合」とみなされている（A162/B201原注参照）。そして（三）における「動力学的因果関係」は経験領域の関係であり、「どこにでも存在する物質の連続体（時間的関係）と空間充満（空間的関係）」による「空虚な時間と空間の否定」を基盤としている。したがって動力学的なのであるが、この点については「第三章」全体で詳しく考察する。また（四）における「動力学的因果関係」は「現象」が「形而上学的因果関係」に基づいているゆえに動力学的なのであるが、ここでは英知界と現象界とが密接な因果関係にあることが示されている。というのも、「形而上学的」という形容は「経験的結合一般のア・プリオリな条件を示す」ということを意味しているからである。つまり、感性論における「直観の形而上学的究明」が形而上学的であったのは空間と時間を「ア・プリオリに与えられたものとして示す」（A23/B38）ことを意味していたからであり、「カテゴリーの形而上学的演繹」が形而上学的であったのはカテゴリー一般の「ア・プリオリな起源」を示すことを意味していたからである（B159参照）。これらの場合ア・プリオリな形而上学的条件の「起源」は「英知界」（イデア界）以外には求められえないであろうし、動力学的結合における「形而上学的」の意味は感性論やカテゴリー論に準じており、したがってこの結合は現象界と英知界との密接な因果関係を示していることになる。つまり、「ア・プリオリな起源」（原因）に基づいて「現象」（結果）が生じるという動力学的な英知界と現象界との因果関係がこの結合において問題となっているのである。この点を踏まえたうえで（四）の原則を考察することにしよう。(四)の三つの原則の関係において、ア・プリオリな条件の起源はC「必然性」であり、この「必然性」との因果関係に基づいて、A「可能性」とB「現実性」とが「結果」として生じていることになる。要するに、「原因」は「起源」であり、そこから「必然的」に生じる「結果」がAおよびBなのである。したがってこの「因果的必然性」は英知界と現象界とを結合する「形而上学的で動力学的必然性」である。この点を「様態C」の定義に従って考察してみよう。その定義は「そのものと現実的なものとの連関が、経験の普遍的規則に従って規定されている、そのようなものは必然的である」というものである。この場合冒頭の「そのもの」と次の「現実的なもの」とは異なったものであり、「異なったものの連関」がここでは問題となっている。そしてこの連関を可能としているのが「経験の普遍的規則」、つまり「因果法則」である。したがって「そのもの」と「現実的なもの」という異なったものを結合する因果法則は、第一原因を起源とする「必然的因果法則」ということになる。要するに、(三)Bの因果関係と違って、この因果関係は経験領域に限定されてはいない。なぜなら、「現実的なもの」は経験領域に制約されているが、この領域とは異なる「そのもの」はこの領域を超越した「英知的な形而上学的第一原因」とみなされるからである。またここでは(三)におけるようにA、B、C個々の図式は考慮されておらず、(四)全体の「図式」が「時間総体」とみなされている。それは、(三)における経験的な個々の図式と違って、(四)ではA、B、Cすべてに共通する一つの図式だけが必要とされているからである。つまり、「時間」である限りにおいてその図式は「現象（A、B）と同種」であり、「総体」である限りおいてそれは現象を超えており、その限りにおいて「英知界（C）と同種」であるという、経験領域に限定されたAとBの要請と、経験を超えたCの要請とを媒介しうる「時間総体」という図式だけがここでは必要とされているからである。したがって（四）の類推全体は現象界と英知界との密接な「必然的因果関係」を示していることになるが、それと同時に、以下で述べるように、（三）「諸類推」における経験の可能性がこの「必然的因果関係」に基づいていることをも示していることになる。

以上の「原則論」の展開は「カテゴリー論」を継承し、さらに「二律背反」へと継承されている。つまり、カテゴリー論における「数学的／力学的カテゴリー」の「量」と「質」が原則論の（一）と（二）に継承されている点は明瞭であるが、問題は「動力学的カテゴリー」と「動力学的原則」の関係である。動力学的カテゴリーのうち「関係のカテゴリー」はa「実体性」（実体と属性）、b「因果性」（原因と結果）およびc「相互性」（同時存在）の三項から構成され、各々原則論（三）のA「実体」、B「因果性」、C「相互性」に呼応している。aとAの「実体」については次項（3）で詳論することになるが、bとBの「因果関係」に含意されていると思われるのは、先ほど触れた「原則」（四）の形而上学的「第一原因」（起源）である。確かに「原則」（三）では「どこにでも存在している物質」相互の現象界における因果関係が問題にされている。しかし、後に述べるように（特に第八章第一節）、このような「どこにでも遍在する物質」は現象界における知覚可能な「諸実体」とその総体である「実体」とは明らかに異なり、現象界と英知界との媒介として機能している「動力学的エーテル」以外ではありえないであろう。したがって、ここでは超越論的立場から極めて慎重に扱われているが、エーテルを介して形而上学的第一原因が暗黙のうちに含意されているとみなさざるをえないのである。そしてこのような想定に基づけば、Bと同様bにおいても「第一原因」を起源とする必然的因果関係が含意されていることになる。次の段落で述べるように、このことは「二律背反第三の抗争」においてより明瞭に示されることになる。またcとCの「必然性」の背後に想定されていると思われるのはbとBにおける因果性を絶対的かつ必然的に可能とする「端的に必然的な存在者」である。「第一原因」であるこの「必然的存在者」はここでもcよりもC、さらにC以上に「二律背反第四の抗争」においてより明瞭に示されることになる。

つまり、「二律背反」は「純粋理性の自己矛盾」(A407–408/B701参照)を解決するために遂行され、純粋理性の諸理念にかかわる矛盾の解消を目的としている。諸理念のうち「私(魂)についての心理学的理念」と「神学的理念」に矛盾はなく、「宇宙論的理念」にのみ矛盾が存在しており、「宇宙論的理念」だけが考察の対象となる(A673/B701)。つまり、宇宙全体は「現象の総体」という理念であり、合理論の観点「定立」と経験論の観点「反定立」の間の矛盾の調停が図られることになる。そしてここでも、カテゴリー論および原則論の場合と同様、「数学的二律背反」として「第一、第二の抗争」、「動力学的二律背反」として「第三、第四の抗争」が扱われている。数学的抗争は現象界に制約されていると同時に、「数学的」と形容されている「カテゴリー」と「原則」が力学的問題を含んでいることもここで明らかになる。というのも「第一の抗争」は世界における「時間的な始まり」と「空間的限界」にかかわる抗争であり、「第二の抗争」は現存するものにかんする「単純なもの」と「単純なものによって合成されたもの」にかかわる抗争であるが、いずれも力学的抗争だからである。私がカントの「数学的」を「数学的／力学的」と形容してきた根拠はここにある。問題となるのはここでも「動力学的」な二つの二律背反である。つまり、動力学的第三の抗争は「因果性」にかんするものであり、「自由の因果性」(定立)と「自然の因果性」(反定立)という「二種類の因果性」の矛盾が問題とされている。そしてこれらの因果性の究極的無条件者として形而上学的「第一原因」の可能性が明確に提示されており、ここにおいて「b関係のカテゴリー」とそれを継承している「原則論(三)B因果性」にかんする最終決着が図られているのである。また動力学的第四の抗争は「必然性」にかんするもので、第三の抗争同様ここでも「世界の原因」(第一原因)である「端的に必然的な存在者」の可能性が明瞭に提示されており、ここにおいて「様相のカテゴリーc必然性」とそれを継承している「原則論(四)C必然性」にかんする最終決着が図られているのである(A426–462/B454–490参照)。要するにカントは「カテゴリー論」から「原則論」へ、さらに「二律背反」へと展開することによって、カント的動力学が現象界と英知界の両領域を媒介するものであることを巧みに示していることになる。この点を踏まえたうえで、残されていた「経験の諸類推A実体」の問題を考察することにする。

（3）「経験の諸類推」における「実体」の問題

これまで一般形而上学における「カテゴリー論」と「原則論」とをカントによるライプニッツ批判という観点から考察してきた。そして「実体」にかんしてはライプニッツの単純実体（モナド）が感性的諸条件を考慮することなく、たんに概念的理想的にのみ構想されているという点がカントのライプニッツ批判の核心であった。ただしカントは概念的思考を全面的に否定しているわけではなく、概念的思考一般を経験的認識に客観性と必然性、さらに普遍妥当性と認識主観による認識の統一とを保証する不可欠の条件とみなしている。そしてこのような保証を与えてくれるのが超越論的統覚とその機能である諸カテゴリーである。カントはこれら諸条件に対する感性的諸条件を原則論における諸図式として整備することによって、概念的思考一般に認識対象の客観的妥当性を与えようとしているのである。しかしここにおいて難題を提示しているのが「実体」概念であり、特に「第一類推」における実体概念は明らかに矛盾を含んでいる。つまり、「諸実体」は諸現象と同一視され、「諸現象としての諸実体」（A212/B258）あるいは「諸実体としての諸現象」（A214/B261）とみなされている。これに対し「実体」は、一方では「実体の持続性の原則」（A182/B224以下）において実体が実体のカテゴリーを図式化した「時間的に持続したもの」として「感性的条件」であり、現象と同種とみなされているが（A177–178/B220参照）、他方で実体のこの持続性の規定はア・プリオリなものであり、ア・プリオリである限りにおいてカテゴリーと同種ともみなされている。要するに、実体は「持続的なもの」として感性と悟性とを媒介する「第三のもの」（A138/B177）、つまり図式として機能しているのである。しかしこのような実体についてカントは様々な箇所で矛盾した言及をしている。つまり一方で「物質は現象的実体」（A277/B333、強調筆者）とみなされ、実体は「現象的」であり「物質」とみなされているが（B312, B609–610）、他方では「現象の源泉」（B250）ともみなされている。また、実体は一方で「おそらく物自体とは……事情が異なる」（A525–526/B554–555）感性的なものと考えられているが、他方では「実体は……経験からはまったく独立しているゆえに、物自体に関係しているように思える」（Prol. §33, 04 : 315）と、物自体であるかのようにもみなされているのである。それにもかかわらず「物自体」が「実体であるかどうかはわれわれには理解しえない……なぜなら物自体は到達しえないもの」だからであり（A276–277/B332–333）、「われわれは直観に呼応するもの以外のものを理解しえないからである」（A277/B333）とも言及されている。さらに実体は一方では「絶対的主体ではない」（A525–526/B553–554）とみなされ、他方では「第一の最終的主体」（A205/B251）ともみなされている。したがって実体は一方では現象界の問題であり、「持続的なものは対象そのもの、つまり実体（フェノメン）である」（A183–184/B227）と言及されながらも、他方では同時に、先の『プロレ』からの引用にみられるように、ヌーメナルである可能性も示唆されており、明らかな矛盾を含んでいるのである。

アリストテレスは「実体」について様々な定義を試みているが、『カテゴリー論』では実体について明らかに異なる二つの定義がなされている。つまり、実体は一方では（一）例えば「特定のある人間、特定のある馬」（Cat. 5. 2a14）のような常に主語であり、述語であることはない実体（個物）として、他方では（二）例えばソクラテスは「人間としての種に帰属し」、それが属する「類」は「動物である」（同16–17）というような、「種」や「類」という述語諸形態（諸カテゴリー）として定義されている（松田、一三六―一三七参照）。ハーマンによればライプニッツが実体をもっぱらモナドとしてだけ規定するようになったのはアリストテレスによるこの二つの実体の規定を満たすためである（Hahmann, 82–83参照）。つまり、例えば「ソクラテスは人間である」という命題において（一）「ソクラテス」は主語であり、（二）「人間」は述語である。ライプニッツのモナドについての「一における多」という内的規定の場合、（一）「一」を主語、（二）「多」を述語とみなせば、「一」のうちにその「種」や「類」という「多」が含まれており、したがってアリストテレスの（一）と（二）はそのままライプニッツの（一）と（二）に呼応し、ライプニッツはその「個別化の原理」に従って、実体にかんするアリストテレスの二つの規定をモナドに集約していることになる。カントも純粋悟性諸概念を「アリストテレスに従ってカテゴリーと呼びたい」（A79–80）とアリストテレスによる実体についての定義も採用している。ただしアリストテレスの実体は「自存する超越的存在」であり、カントの実体は諸実超越論的存在という大転換を蒙ることになったのである。つまり、「第一類推」における実体は諸実体とともに、主観的認識の概念機能である「実体のカテゴリー」にかんする直観内容である感性的条件（図式）として規定され、「実体」を主語、諸実体を述語（属性）とみなしている点ではアリストテレスを継承しているとはいえ、アリストテレスの超越的存在規定とは根本的に異なっていることになる。そしてカントはアリストテレスが空間的時間的な「感性的条件」（直観）をも「カテゴリー」（概念）に加えている点について、アリストテレスを「いかなる原理をも持たなかったので、出くわすがままに基本的諸概念をかき集めた」（A79-81/B105）と批判しているのである。

カントにとって「持続する実体」は概念（カテゴリー）に対して感性的条件（時間規定）を供給する「図式」であり、実体としてのこの時間規定のうちで「現象のすべて〔諸実体〕の変遷が考えられねばならない」のである。そして実体としての「時間そのもの（基体）」は知覚されえず、知覚されるのは持続する時間の中で変遷するすべての現象、つまり諸実体だけである（B225）。知覚されうる諸実体を通じてのみわれわれは実体を知りうることになり、このような実体は「現存において変化しない」（A144/B183）とみなされている。しかし知覚されず変化しないとすれば、実体は超感性的性質を帯びているのではないだろうか？　実際カント自身、先に述べたように、実体を「経験からまったく独立しているので、物自体そのものにかかわっているように思える」（Prol. §33.04 : 315）とみなしているのである。そうだとすれば実体はカテゴリーに直観を供給する図式として機能しているだけではなく、現象界と英知界とを媒介しているとみなされていることにもなる。実体についてのカントの明らかに矛盾したこれらの言及はここに起因しているといえる。つまり、これらの矛盾には、感性と悟性にかんしてだけではなく、現象界と英知界にかんしても実体になんとしても図式としての動力学的媒介機能を担わせなければならないというカントの意図が表れているのである。「実体／諸実体」にかんする理解の困難さはここに集約されているといえるであろう。ちなみに、カントは『プロレ』において第一類推の実体との関連に基づいて、「持続するものとしての魂」にも言及している（同 §§ 47-48）。つまり、私という魂は生きている間中同一のものとして常に持続している。この「持続性は決して物自体としての実体の概念」ではなく、「ただ経験に必要なものとしてだけ証明される」ことができる。このことは「経験の第一類推において十分立証」され、もっぱら「生における魂の持続性にだけ推理」されることになる。したがって「すべての経験の終わり」である「死後の魂の持続性（それこそが、われわれにとって本来大切なことである）は立証されえない」ことになる（同 335）。したがって「魂」については「第一類推」における実体概念と同一視されている。そして「魂」が「物自体」であることはここでは立証されえないにしても、ただその可能性が明確に否定されているわけではない。魂が物自体である点については、先にも触れたが、「第一批判」では次のように明確に言及されている。つまり「たとえば人間の魂というまさに同じ存在者について、その意志は自由であるが、しかし同時に自然必然性に従属しており、つまり自由ではない。……批判はこの客観〔魂〕を二様の意味で、つまり現象としてあるいは物自体そのものとして理解することを教える」（BXXVII）。

第二章　特殊形而上学とその形而上学的諸原理

特殊形而上学は物質や物体を在るがままに考察しようとする超越的存在論の試みであり、「物体的自然の形而上学」としての「物理学」がその中心領域となっている。その意味で、ア・プリオリな主観的認識諸能力の分析に基づく「一般形而上学」とは厳密に区分されなければならない。特殊形而上学が明確に問題とされるようになるのはコペルニクス的転回以降、批判哲学に基づく超越論的立場が確立されてからであるが、この転回以前の前批判期で自然哲学にかんしてカントが問題にしているのは超越的存在論である。そして前批判期におけるこの存在論は批判哲学上の転回を経て『原理』および『オプス』において再び扱われることになるが、しかしそこではこの存在論は大幅な修正を蒙ることになる。まず前批判期における物質観を概観することにしよう。

1　前批判期の物質観
――『活力測定考』から『モナド』まで――

カント最初の著作『活力の真の測定にかんする考察』（一七四七）では物質に内在しているとみなされている「内在力」が問題とされているが、ここではニュートンにはほんの僅かしか触れられていない。したがって「内在力」、つまり「活力」はニュートン的「引力／斥力」ではなく、個々の実体は独立しているということが前提となっている（LK. 01 : 21-22, Edward 73参照）ライプニッツ的な「形而上学的内在力」であり、この著作では活力をめぐるデカルト派とライプニッツ派の対立が扱われている。デカルト派における幾何学的見解が否定されているわけではないが、この対立ではライプニッツ派の力動論的見解に軍配が挙げられている。「活力論争」そのものはすでにダランベール『力学論』（一七四三）において決着がつけられているが、カントはこれを知らずにこの問題を扱っており、この点を揶揄されてもいる（ヤウヒ、六九、原注35参照）。そしてライプニッツ派に軍配を上げながらも、ライプニッツの力概念が神による「予定調和説」に基づいており、「自由運動」という観点が欠如している点は厳しく批判されている。カントは予定調和説をヴォルフの「物理的影響説」によって退け、物理的影響説が予定調和説に対する勝利を「完璧なものとしている」（LK. 01 : 21）とみなしている。

物理的影響とは可想界における実体相互の結合様式であり、独立した実体各々に「実体性」なるものが内在し、実体Aから実体Bへとこの実体性が移行する場合に、AはBに物理的影響を与えたという考え方である（ヴォルフ『合理的心理学』§558、岩波書店『カント全集』三巻四六二頁「訳注・校正注」（22）参照。ただし『新解明』ではこの説は否定されている。「命題XII、XIII」参照）。カントは物理的影響に基づいて「心身問題」に答えている。つまり物質の力が他の実体（魂）に作用し、これによって魂に諸表象を生じさせるとみなされているが、これと同様、魂もまた運動力を持ち、物体（身体）に作用を及ぼし、これによって身体に諸変化を与えるとみなされているのである（01：19-21, §§5-6参照）。カントにとって物体が「内在的活力」を持つことができるのは「自由運動」によってのみである（同33-34）。カントがここで想定している物質の運動は自由運動と現実運動であり、前者は「発射された弾丸」として例示され、妨げるものがなければ「無限に持続する」（同28）。後者は「手でゆっくりと押された球」（同二九）として例示され、「その力は……速度そのものに比例している」（同34）。カントは前者を「活力」、後者を「死力」とみなしているが、これについてのカントの説明は不明瞭であるが、後に『原理』では明瞭にされている（第三章第二節参照）。カントの批判はデカルト派が死力しか扱っていないという点と、ライプニッツ派が活力と死力とを扱ってはいるが、ここでの死力と活力はともに現実運動とみなされているという点に集約される。カントの活力問題の核心は自由運動であるが、これを「加速度」とみなす解釈も存在する。しかし加速度によってこの運動を理解するのは困難である。

『天界論』でもこの物質観が継承されているが、しかしここではいくつかの点で大きく修正されている。つまり、カントがここで想定しているのは「創造直後の自然は、ありうる限りの粗野な状態になって」いたが、後になってから「引力に従って」天体間の距離が調節されるようになったということである（AN. 01：263）。さらに「太陽系に属している……物質のすべて」は「要素的な原素材」に解体することができ（同）、このような「原素材そのものは、神の存在から直接帰結する」（同 310）のであるが、これら諸要素は相互運動を引き起こす「本質的な力〔引力〕を持っている」と想定されている。したがって諸要素が「本質的な力〔内在力〕を持っている」という点では『活力測定考』を継承してはいるが、しかしこの力は「引力」とみなされており、この点で大きな修正が加えられているのである。同年の『新解明』は「人間的認識の第一原理」を解明するために、「同一律」と「矛盾律」および「充足理由律」（決定根拠律）を論じている。つまり、述語が主語に含まれているとすれば同一律に従って主語を分析することによってすべての述語を導くことができる。また矛盾律に従って述語を、この述語と反対のものを除いて規定することができる。そして主語と述語を結びつけているのが「原因」（根拠）であるが、この原因による結果はすべて原因に含まれていることになる。したがってすべての実在しているものは充足理由律に従って、それに先行する原因に根拠づけられており（PP. 01：394-399 参照）、「あらゆる変化」はこのような先行する諸根拠に基づく「諸実体相互の変化」とみなされうることになる（同 410 参照）。要するに、変化は一連の諸根拠によって生じることになる。そしてこのような認識解明によって、ここでもカントはライプニッツ的モナドへの、ほぼヴォルフに基づいた根本的批判を展開している（同411参照）。つまり、ヴォルフはライプニッツに多くの点で依拠しており、「実体」と「力」との関係もその一つである。ただこの問題についてライプニッツとヴォルフには根本的な相違がみられる。ライプニッツは実体に内在する力それ自身が「実体の変化の原因」であるとみなしており、「現在の表象」は「過去の表象」によって基礎づけられていると同時に「未来の表象」を基礎づけている。したがって実体という「一性」が諸変化という「多性」を含んでいるのである。これに対しヴォルフは実体そのものの内部で過去から現在へ、現在から未来へと規定を変えることはありえず、実体はこのような因果関係から独立しており、その「活動する力」そのものによって外的に、継起的に変化を生じると考えているのである（ヴォルフ『形而上学』§§38, 39他参照。Hahman, 43-45参照。ヴォルフからの引用はハーマンによる）。カントはこの点についてもヴォルフに基づいてライプニッツを批判し、「変化は実体に内的に見出されるものによっては生じえない。変化は外的結合によって生じなければならない」（PP. 411）と言及している。ただしヴォルフには曖昧な観点が存在し、他方では「内的な力」を認め、それが「自発的な内的実在の絶え間ない変化を引き起こす」とみなす場合もあるが、カントはこの点についてはヴォルフを批判し、「宇宙における変化は孤立的に考察される実体の内的なものからは生じない」（同411）とみなしている。カントにとって「内的規定」は「物体的実体」ではなく、「精神」にかかわる問題なのである。「身体（物体）的実体」と「精神的実体」とは『新解明』において明確に区分されているが、しかし精神と物体という実体は「同じ一つの空間に含まれ……すべての実体の相互作用」が各々孤立することなく認められ、先に触れたように、この段階で「物理的影響は排除され……普遍的調和が存在する」とみなされているのである（同 415）。したがってカントはここで「デカルト的心身二元論」には立脚しておらず、精神と身体とはそもそも相互作用することによってのみ作動するとみなしており、この点にかんしてもライプニッツやヴォルフとの根本的な相違が認められるのである。そしてこのような「相互作用」をカントは「脳理論」において強調している。

つまり、カントはケーニヒスベルク大学で約四〇年間続いた「形而上学講義」の中の「哲学的脳理論」において、思考する「精神的実体」と思考しえない「物体的実体」とを明確に区分している。「物体（身体）である脳は思考しない」としながらも、精神的実体の内的規定と物体的実体の外的規定とは、デカルトのように各々それ自体で存立している別々な実体としてではなく、「必然的連関にある」とみなしているのである（Udo, 110-116 参照。菊地、二〇一五、三四―四九も参照）。要するにこれと同じ観点が『新解明』において言及されていることになる。「精神は内的変化（内感）によって支配されている。……多くのものが精神の外部に存在していなければならず、心はこれらと相互的結合によって結びつけられているのである。……われわれがさまざまに規定される物体の表象を持つのは、存在しているもの［物体］と精神の相互作用によって物体と一致した表象が精神に引き起こされる場合だけである。……人間の精神は外的事物との実在的結合を離れてしまえば、内的状態の諸変化を完全に失ってしまう」(Udo, 411–412) と。ここでは心身二元論も予定調和説も物理的影響説もすべて却下されている。ではカントの「普遍的調和」とはどのようなものなのであろうか？

ライプニッツは実体を規定している根拠を「目的因」に求め、「動力因」には求めておらず、諸モナドの調和関係を「第一原因」である神に基づいて構想している。カントはこれを「子供だましの理屈」(PP. 409) と厳しく批判し、『活力測定考』においても物質に内在する活力を「実体そのものの完全な根拠」とみなし、「延長という性質」もこの力によって規定されるとみなしている (LK. 24)。しかし神が前提されていないのではなく、『新解明』では「宇宙においてさまざまな実体が同時に存在」し、「それらの結合」が認められるためには、「これら諸実体が共通して神に依存していることが、それらの相互依存性の根拠でなくてはならない」(PP. 413) とみなされている。一見したところ、神への依存という点ではライプニッツとカントは同じ前提に立脚しているように思える。しかしライプニッツが現象界における動力因を完全に排除し、モナドの相互作用のあらかじめの調和を考えているのに対し、カントは現象界における実体の相互作用を「神の知性」を媒介として考えているのである (同 412–414 参照)。神の知性は実体の相互作用を表象しており、ライプニッツのように「互いに孤立していながらも調和している諸実体」を前提にする必要はなく、この観点は「精神的実体」と「物体的実体」の関係と同様である (Hahman, 49–50 参照)。そしてこのような諸実体相互の結びつきが物体や空間等の実在をも証明するとみなされているが (PP. 413)、この結びつきの根拠は「ニュートンの引力あるいは普遍的重力」という「もっとも根源的な自然法則」とみなされているのである（同 415）。これがカントの「体系的な普遍的諸実体の交流 systema universalis substantiarum commerci」という「真の世界の調和」の概要である（同 415-416、Hahman, 51 参照）。神の知性を介在させながらも、実質的には引力の作用に基づく現象界における諸実体の調和を問題としているゆえに、ライプニッツやヴォルフの説とは明らかに一線を画していることになる。またデカルト的二元論との関係にかんしてはライプニッツがモナドの内的諸規定によってこの二元論における難問を「モナド一元論」によって解消しようとしているのに対し、ヴォルフは再度「単純な魂的実体」を提唱することによって「魂的実体」と「物体的実体」との新たな二元論を再開し、大きな影響を与えることになる。この点についてはクヌッツエンもヴォルフの影響下にあり（Knutzen, 参照）、カントは『活力測定考』においてこれを継承している。しかし『新解明』ではこの二元論がそもそも問題にされなくなっていることは先に述べた通りである。そして一三年後の『感性界と英知界』ではさらに、実体の力ではなく、「経験によって与えられた力〔引力と斥力〕でなければ、どのような力も根源的な力として想定することはできないし、どのような知性の洞察力によってもその可能性をア・プリオリに理解することはできない」（Sl. 417）と明確に主張されている。「引力／斥力」の関係はこれ以降もカント自然哲学におけるもっとも重大な主題であり続けることになるが、自然哲学におけるだけではなく、例えば歴史哲学で考察されている「非社交的社交性」という「人間の本性」についての構想にもこれときわめて類似した関係が認められうる（『世界市民的意図における普遍史のための理念』「第四命題」08：20 参照）。というのも「社交性」は人間関係における引力であり、「非社交性」は「社会を絶えず分断する恐れのある……一般的抵抗」（同）、つまり斥力だからである（Lequan 参照）。

『新解明』の翌年に出版された『物理的モナド論』ではモナドの内的構造の解明が問題とされているが、その前提となっているのは「無限に分割可能な空間」という数学的規定と「それ以上分割しえないモナド」という物理的規定の関係である。そしてここではモナドが微粒子としての原子とはみなされてはおらず、一つのモナドはその内部で引力と斥力とが作用している一つの作用圏とみなされている。この作用圏の延長の限界は堅固ではなく、弾性的であり、これらの作用圏が合成されて物体が形成されることになる。また引力と斥力は一つの作用圏の内部においてだけでなく、諸モナド間でも作用しているが、諸モナドが引力だけによって結合し、合体してしまわないのは斥力がそれを防いでいるからである（MP. 01：480–483 命題Ⅵ―Ⅶ参照）。モナドは確かに「それ以上分割できない」のであるが、しかし原子のように堅固ではないので、柔軟に作用圏の形態を変えうることになる。そしてカントはこのことを力学的にではなく動力学的に説明しているが、それは力学が基本的に「原子論」に立脚しているからである。つまり原子論は空虚な空間を前提し、空虚な空間の中で堅固な原子が運動することができるとみなしているが、カント的動力学において空虚な空間は否定され、空間は弾性のある微粒子的物質によって充満されていることになる。

エドワードはカントの超越的物質観を、『活力測定考』を除いて、五段階に要約している。（一）一七五五年の『天界論』、『火について』および『新解明』はいずれも微粒子的物質観にニュートンの引力／斥力説とを接木している。『天界論』では宇宙生成が論じられ、「要素的原物質が全宇宙空間に普及している」とみなされている。したがって原物質による動力学的空間充満という構想とエーテル的なもの（要素的原物質）とが説明の基本となっている。『天界論』においてエーテルという概念そのものが用いられているわけではないが、しかしこの概念は同年の『火について』で扱われており、原物質がエーテルを念頭においたものであることは明確である。つまり『火について』において仮定されているのは天体を作り上げている諸々の微粒子間の空間を不可量的で弾性のある熱素（エーテル）という物質が充満しているということである（『火について』にかんしては第四章第二節参照）。（二）翌年の『モナド』は明確に動力学的原理に基づいてモナドの作用圏の解明を行っている最初の著作である。ただしここでの物理的モナドは各々孤立した微粒子とみなされ、晩年の『オプス』におけるモナドとは基本的に異なっている。（三）ここでは取り上げなかったが、一七七〇年の『感性界と英知界』において一度モナドについての超越的説明が否定され、「第四部」では物理的影響に基づく動力学的連続体が扱われているが、ここでは孤立した微粒子からは完全に脱却している。それはこの著作ではすでに批判期の観点が含まれているためである（SI. 02 : 409 参照）。しかし批判期には『原理』において、再度超越的物質についての動力学的説明が復活している（Edward, 113ff. 参照。なおエドワードは「超越的」という用語は用いていない）。エドワードはこの時期（一七七〇年代の初期から中頃）のいくつかの「省察」を丹念に探りながらこれらの問題を後づけている。ここでは全宇宙にエーテルが充満しているという見解が明確にされ、エーテルがすべての物体が実在するための生成力ある源泉とみなされている。（四）『原理』「第二章　動力学」では、一方で（三）を継承しているが、しかし他方では困難な問題に直面している。つまり引力と斥力を規定しようとすると、「不可入性」を根本特性とする斥力と、「物質の限界づけ」を根本特性とする引力との関係が「モナドの孤立化」を前提とせざるを得ず、これによって不可避的に初期『モナド論』に導かれるという問題に直面してしまうことになるのである（Edward. 135 参照）。（五）『オプス』での見解であるが、これについては後述する（第七章一一三以下参照）。

以上のような前批判期における超越的存在としての実体概念は基本的に引力／斥力によって構成される単純実体として理解されている。しかし批判期には、「第一批判」でコペルニクス的転回を経て超越論的に理解されるようになった実体概念は主観的認識諸能力の表象であり、もはや超越的な単純実体として理解されてはおらず、「単純なものはいかなる経験においても決して見出されえない」（B799-800）と明言されている。では批判期において超越的存在の問題は完全に除外されているのだろうか？　この問題を検討するために「カテゴリーの演繹」と「エーテル演繹」それぞれの「証明」を比較することにしよう。

2　「カテゴリーの演繹」と「エーテル演繹」

「第一批判」の「概念の分析論」で行われている「カテゴリーの演繹」はデカルト的演繹とは根本的に異なっている。デカルト的演繹は一定の定理（原理）から経験に依拠することなく様々な公理を必然的に、分析的に導出する数学上の方法である。例えば「三つの線分から成る図形は三角形である」という定理に基づいて「三角形の内角の和は二直角である」や「三角形の二辺の和は他の一辺より長い」等々の諸公理が必然的に導き出される。デカルトがこの方法を存在証明に用いたことはよく知られている。これに対しカントの「演繹」は当時の法律用語に由来する「妥当性の証明」であり、ここで問題になるのは「事実問題 quid faci」と「権利問題 quid juis」の関係である（A84/B116）。例えばAがある土地を駐車場として実際に使用している場合に（事実問題）、Bがこの土地の所有権を主張し、Aに対して訴訟を起こし法廷で所有権をめぐって争うことになったとしよう（権利問題）。ここでの争点は法律に照らしてAとBのどちらに所有権が存在するのかについての法律上の妥当性にある（妥当性の証明）。このような「妥当性の証明」が法律上の演繹であり、カントはこれを客観的認識の妥当性に適用しているのである。そして実際の土地使用（事実問題）に該当するのがア・ポステリオリな「感性的直観の多様」であり、法律（権利問題）に該当するのがア・プリオリな「諸カテゴリー」

であると考えることができる。土地が法律に照らして適切に使用されている場合にのみ「土地使用の妥当性」が証明されるのと同様に、多様が適切に諸カテゴリーのもとに包摂されている場合にのみ客観的認識の「妥当性の証明」がなされることになる。このように超越論的立場においては「存在証明」は成立しえず、「妥当性の証明」だけが成立することになる。これに対し『オプス』ではエーテルの「存在証明」が試みられているが、それは特殊形而上学における超越的観点に立脚しているからである。この「エーテル演繹」は「移行14」の至る所で散見されるが、エーテル演繹を考察する前に『オプス』においてエーテルが基本的にどのような物質として構想されているのかを概観しておくことにする。

つまり、『オプス』における動力学的エーテルは一方では「すべての空間を充満している物質」として前提され、他方では「英知界と現象界とを媒介する物質」として前提されている。当時の自然研究においてエーテルという概念は一般的に用いられ、ニュートンもエーテルを根強く仮定している（第四章第二節参照）。カントはエーテルを「物質一般」（21：215他）、「熱素」（21：580他）、「原素材」（21：291）、「火素」や「光素」（21：515）、「要素的素材」（21：602他）、「世界素材」（21：216他）、あるいは「神経素材 Nerbenstoff」（21：564）と同義にとらえ、これらは媒介的な「中間物質 Zwischenmaterie」と性格づけられている（これ以降、引用文以外ではできる限りこれら諸概念を「エーテル」というタームによって統一することにする）。

カントは「いわゆる熱素という実在は……〈自然科学の形而上学的諸原理（Anfangsgründe）から物理学への移行〉のための原理（princip）と考えられ……物質のすべての運動諸力の基盤であり、これら諸力を統一している」（21：588. 20–26）と明言している。この場合〈自然科学の形而上学的諸原理〉とは、前章で触れた「第一批判」における「ア・プリオリな認識諸能力、とりわけ諸カテゴリーに基づく超越論的認識能力の諸原理」であるのに対して、『原理』における諸原理は「一般形而上学と特殊形而上学とが交差し、超越的物質に超越論的カテゴリーが適用された四つの諸原理」とみなすことができる（第三章参照）。また『オプス』で「〈物理学への移行〉のための原理」とみなされている「熱素」（エーテル）は『原理』における諸原理を可能とする「原理」とみなすことができる。なぜなら、エーテルという「この原理がなければ……経験全体のどのような連関も生じることはない」（21：582. 16–22）からである。つまり、『オプス』においてエーテルは特殊形而上学の原理であると同時に、一般形而上学と特殊形而上学との媒介的原理としても機能する最も根本的な原理であるとカントは構想していることになる。

エーテルは「すべての物体に動力学的に現前している物質 Matter」であり、「すべてに浸透し、自己存立 sick bestehendes していなければならない」（21：236. 15–17）。そしてエーテルは「物質のすべての諸力」の基盤であり、「最初に運動するもの」とみなされている。つまり、「第一の起動者 primus motor」は神かデミウルゴスかそれとも物質それ自身かのいずれかであろうが（21：218. 5–7 参照）、

「物質それ自身」であるとすれば、批判期までのカントの物質観とは矛盾する（Prol. 04：289, B333 参照）。つまり『オプス』では「原初的な物質の運動は場所を移動することのない内的運動であり、それ自身の場所で……扇動している」（21：575. 12–19）とみなされ、エーテルのこのような扇動する力がすべての物質の力であることになる。力学的運動はこのようなエーテルの扇動する力によって可能となり、「最初に運動するものは、何らかの意図をもって、運動する物質の扇動を、つまり実際自分自身で永遠に獲得している原因を前提にしているように思える」（21：217. 17–22 強調筆者）とみなされ、「何らかの意図を持つ」エーテルの「意志 Wollen」さえ構想されているのである。従って、ライプニッツの単純実体における自発性のように、カントもまた運動の最初の始まりを「自発力」とみなし、それが「要素的素材の領域と運動の永続的な持続を認識させる」（21：222. 8–10）と想定しているが、このような「絶対的始まりは思考不可能」なのである（21：217. 29–218.1）。ではこのように特徴づけられているエーテルはどのように演繹されているのだろうか？

　エーテルは「物質の運動諸力」の要素体系を成し、「要素的諸概念は諸カテゴリーのもとに」ある（22：342. 30–33）。したがって「エーテル演繹」の前提になっているのはカテゴリーに従った四つの項、つまり（一）空間（量）、（二）あらゆる浸透（質）、（三）内的運動（関係）、（四）物理的必然性（様相）である。エーテルは「空間において普遍的に分配されている物質」（量）として「すべてに浸透している物質」（質）であり、「内的運動を行う」（関係）ところの「物理的に必然的な物質」（様相）としてもカテゴライズされているのである（21：584. 22-28）。そしてこのようなエーテルが物理学の原理であると同時に「移行」を可能とする原理と想定されており、エーテル演繹は超越的に自存する「原理」としてのエーテルの存在証明の試みなのである。しかしこの試みは計画段階にとどまり、その断片的考察が垣間見られるにとどまっている。カントは動力学的エーテルが「運動諸力全体を形成し、その実在がア・プリオリに知られる」（21：218. 10-17）と仮定したうえで、エーテルが物質的特性のすべてを形成する「実際に流動する物質 die positv flüssige Materie」（21：588.3）と想定している。そしてカテゴリーの四つの項に即して、（一）「可量的あるいは非可量的 pondelabel/impondelabel」、（二）「圧力的あるいは非圧力的 coercibel/incoercibel」、（三）「凝集的あるいは非凝集的 coalescibel/incoalescibel」、（四）「消耗的あるいは非消耗的 exhaustibel/inexhaustibel」と記されているが、（三）と（四）の内容にかんする説明は不明である。（一）は量的規定であり、エーテル自身は量を持たない（非可量的）が、しかしすべての物質に量を付与する（22：531. 1-11、および22：593. 29-294.7）と説明されている。そして「可量性は量のカテゴリーに従う…機能」であり、「それが属しているのは自然の形而上学と物理学双方である」ゆえに「前者から後者への移行に属している」（21：307. 4-7）とみなされている。したがってカントは英知界と現象界とを媒介し、移行を可能とする機能をエーテルに担わせていることを明確に想定しているのである。（二）は質的規定であり、エーテル自身は形や重さ等々を持たないが物質にそれらの性質を付与する、諸物体を形成するための不可欠の条件であると説明されている（22：378. 5–24）。この質的規定が「圧力的あるいは非圧力的」であるのかはおそらく圧力の度を念頭に置いているからであろう。そしてエーテルは「空間的時間的経験の統一」のための不可欠の条件（22：346. 27–29）とみなされているが、カントは自らの体系を成就するために残されていたもろもろの難問を、少なくとも自然哲学にかんして、エーテルによって一気に解消しようとしているようにも思えるが、エーテルのこの存在証明は未完にとどまっている。

批判期にもエーテルと呼応すると思われる「何か」に言及されているいくつかの箇所が存在する。原則論の「経験的思考一般の要請」では「空間において永続的な何か」の可能性について言及され、この「何か」は「物質と思考するものとの間の中間的なもの」とみなされている。したがってここでの「永続的な中間的なもの」は『オプス』における「中間物質としてのエーテル」の特徴と呼応しており、「思考するもの」と関連づけられている点も『オプス』における「自発性や意志を持つエーテル」を彷彿とさせる。ただしここではこの「何か」は「まったくの架空」とみなされている（A222）。また『原理』ではニュートンがしばしばエーテルについて言及していることに触れ（第四章第一節参照）、「ニュートンはエーテルについてさえ（ましてや他の物質については言うまでもなく）引力の法則から除外していなかった」と、ここではニュートンを介し引力と関連づけられてエーテルについて言及されている。エーテルの説明についての「第一批判」と『原理』との「架空」であるか否かのこの相違は前者が超越論的な、後者が超越的な観点に立脚しているためであろう。というのも、超越論的立場からすればエーテルの実在は推測にとどまり、その実在は架空とみなさざるをえないことになるからである。さらに「第三批判」では「だから近代の物理学者たちのいうエーテルは、他のすべての物質を貫く……弾性的流体であるが、これはたんに臆見の事柄である。それでもエーテルは、もしも外的感官が最高度に敏感になれば知覚されるような種類のものである。しかしエーテルは何らかの観察ないし実験では現に示されることは決してできない」(KU. 05 : 348) と述べられている。ここでの「弾性的性質」は前批判期の『モナド』における単純実体と一致し、また『オプス』において「流動体」とみなされた「エーテル」と一致している。「第三批判」と『モナド』との差は「第一批判」と『原理』との関係と同様であるが、「第三批判」ではエーテルは「臆見」にすぎないにもかかわらず、その知覚可能性が一歩踏み込んで肯定的に示唆されてもいる。その理由は「第三批判」第Ⅱ部目的論では、「第一批判」において論じられていた力学が扱う「無機的自然」ではなく、生命ある「有機的自然」が論じられており、この観点は『オプス』におけるエーテル規定と通底しているからである。つまり「エーテル演繹」ではエーテルが無機的および有機的自然双方にかかわり、しかもこれらの自然を共に可能にするとみなされているのである。なぜなら、エーテルはア・プリオリに認識される概念として宇宙に遍在して宇宙全体を充満し、「永遠の振動」を生じさせることによって「生命のない停止状態」を防止し「生命ある有機的自然」をも可能にするとみなされているからである (21 : 310 他参照)。これに呼応するように、さらに「第三批判」の他の箇所においてもエーテルは「臆見」としてではなく、「諸々の色彩」は「光エーテルの一定の振動の結果」であり（KU. 05：224）、また水は氷となって固体化するが、「固体化する瞬間に突然逃れ去る分離物質は相当な量の熱素である」（同 348）と言及され、ガス、液体、固体という「物質の集合」は「流体としての熱素」によって説明されているのである（同 348-349 参照）。ここでは引力／斥力には還元しえない「エーテル的な何か」についての明確な言及がなされていることになる。そしてこのようなエーテルの動力学的作用に基礎づけられることによってのみ力学的作用が生じると確信されているのである。「第三批判」は、後に詳しく考察するが（第六章、第七章参照）、「移行／裂け目」問題にも積極的にかかわっている。

「エーテル演繹」全体を通じて大前提となっているのは、超越的存在の領域においては「一つの空間、一つの時間、一つの物質だけが存在している」ということであり、この場合「存在している」ことが問題となっている以上「一つの空間」と「一つの時間」は主観的な超越論的純粋直観として扱われてはおらず、また「一つの物質」はエーテル以外の何ものをも意味していない。そしてこの大前提に基づいて経験可能な領域をはるかに凌駕する全自然、宇宙全体というマクロな世界がミクロな世界とともに、英知界との関係を考慮されながら考察され、エーテルは諸領域を媒介する機能として「移行」を可能とする「原理」としての役割を担っているのである。ここで、これまで考察してきた批判期以前の超越的物質観と以後の超越的物質観とを整理しておくことにしよう。

3　前批判期の物質観と『オプス』の物質観

前批判期において物質は一般にライプニッツの「モナド」とヴォルフの「要素」を批判的に継承する単純実体とみなされ、『火について』で明瞭なように、カントはそれをエーテルともみなしている。また予定調和説と物理的影響説を考慮しながらも、カントはそれらを根本的に修正した普遍的調和体系を構想している。そして実体を「内的に規定された理想的なもの」として観念的にのみ位置づけることは徹底的に却下され、実体は現実的なニュートン的諸力（引力／斥力）によって説明され、同時に形而上学的に基礎づけようとする試みによって説明されている。しかしニュートン的諸力の影響下にありながらも、ニュートンが「空虚な空間」を許容する原子論的物質観に立脚しているという点に対して、さらに「絶対空間」に基づいているという観点に対して、ニュートンは批判されてもいる。空虚な空間と時間は『新解明』以降カントにとって容認しがたい前提であり、空間と時間は絶対的ではなく相対的であり、後に「第一批判」においては純粋直観のア・プリオリな形式とみなされることになる。前批判期の段階では「物質／単純実体／モナド」の本質的な力は引力とみなされ、引力と斥力との関係が『天界論』では宇宙創成にかんして次のように要約されている。

「創造直後の自然」は「カオス」状態であり、「われわれの太陽系に属している……すべての惑星と彗星を造っている物質のすべては、万物の端緒において、その要素的原素材に解体されていて……宇宙の全空間を満たしていた」。そしてこのような要素的原素材の本質は「神の知性の永遠の理性から生じ、……たんに受動的であるかに見える物質はもっとも単純でありながらも……自然は活動し、カオスは自己を形成しようとする」。また「この原素材の種類は明らかに無限に多様」であり、多様であることによって「カオスはより強い引力を持った粒子があるところでは自己形成を始める」のである。「諸要素は相互運動を引き起こす本質的な力を持っていて、それ自身で生命の源泉である」。しかし引力だけでは「様々な塊の並存に終わり……引力の均衡によって静止し永遠に不動」となってしまう。不動でないのは「斥力」のおかげであり、斥力によって「粒子は互いに反発しあい……引力と相争うことによっていわば自然の持続的生命ともいうべき運動を生み出す」のである（AN. 01:263-265）。

ここでは、『活力測定考』を除いて、前批判期における物質観が簡潔に要約されており、このような物質観に基づいてライプニッツ、ヴォルフ、クヌッツエン、さらにはマールブランシュの機械原因論等が却下されていることが確認できる。カントは彼らが共通して前提していたデカルト的二元論を、『新解明』以降、問題にすらしなくなるのである。このような引力／斥力に基づく物質観が多くの点で『オプス』のエーテルと共通する特徴を示していることを繰り返す必要はないであろう。しかし両者の間には明確な相違点が存在している。つまり、前批判期において物質を構成しているのが引力と斥力であったのに対し、『オプス』のエーテルは引力と斥力を扇動し、これによってこの二つの力を作動させ、物質に力と運動を生じさせる「最初に運動するもの」とみなされているのである。また前批判期における物質に諸カテゴリーが適用されることはありえなかったが、エーテル演繹では、批判期の『原理』を継承して、諸カテゴリーの適用が試みられている。前批判期と『オプス』は同じ超越的存在を論じているが、それにもかかわらずこのような相違が生じているのはこの二つの時期の間に「批判期」が存在しているからにほかならない。これによって『オプス』のエーテルに多くの媒介機能が託されることになったと思われるが、エーテルのこの媒介機能に基づく「移行」の可能性を明らかにするために、カント的動力学について改めて考察することにする。

第三章　カントの動力学

先に触れたように、約四〇年間にわたってケーニヒスベルク大学で開講されていた「形而上学講義」の中で、カントは「哲学的脳理論」を講義している。その基本的前提は「脳は物質であるゆえに思考しない」ということ、「思考するのは魂である」ということ、およおび「生命は魂と物質との共同作用である」ということであり（菊地、二〇一五、三四―四九、および一九五、注10参照）、このような見解は『新解明』においても展開されていた。この講義で注目されるのは、魂が身体のどこかに「局所的に現前しているのではなく、動力学的な潜勢的 virtual 現前の関係」にある（K2. 28 : 2. 1. 756、強調筆者。なお略号K2については菊地、二〇一五、一九五、注10参照）という一節である。「潜勢的現前」という表現は魂が身体とは異なるどこかからやってきて、身体に潜勢している状態を表しており、魂の「どこか」から「身体」への「移行」のこのような状態が「動力学的」であるとカントはみなしていることになる。さらに、例えば『ジルバーシュラークの著書「一七六二年七月二二日に現れた火の玉にかんする理論」の論評』（一七六四）という短い書評では次のような所感が述べられている。ジルバーシュラークという博識な牧師は独自の大気圏理論を提案しているが、カントはこの理論を理解するためには「自然科学者たちには不案内な形而上学の高みにまで至る必要がある」、なぜならこの牧師が証明しようとしているのは「空気中の物体的実体が現実に存在している領域は厳密にいえば動力学的作用圏および動力学的中心点を持った一つの作用圏」（FT. 02：450 強調筆者）だからである、と。カントのこのような所感から理解しうるのは、カントが現象界における「物体的実体」は「形而上学的高み」（動力学的中心点）を含む「動力学的作用圏」に存在しているとみなし、脳理論と同様、「形而上学的高み」から何かが現象界の低みへと動力学的に潜勢して、物体に移行しているとみなしているということである。つまり、「脳理論」と「書評」からのこの二つの引用文から理解しうるのは「魂」も「物体」も超感性的なヌーメナルな形而上学的高みから感性的なフェノメナルな現象的低みへと潜勢的に移行している状態をカントは「動力学的」と表現しているということである。そして高みから低みへと至る形而上学的な動力学的作用圏の中心点（高みの部分／イデア界）にすべての物自体（そのもの）が存在していることになる（第一章第二節最終段落参照）。したがって、これまで言及してきたように、カントの動力学的媒介機能の一つは英知界から現象界への移行にある。また先に「第一批判」における二項の「動力学的原則」および二項の「動力学的二律背反」において考察したように、カントの動力学のもう一つの大きな特徴は「時間的空間的充満」であり、この特徴は「空虚な時間と空間の否定」

と同じ問題である。これらの問題を詳細に考察するためにもう一度「第一批判」に戻ることにしよう。

1　「第一批判」における「理想」

カントは「世界」と「自然」とを区分し、前者を「すべての現象の数学的全体」とみなし、後者を「動力学的全体として考察されるすべての現象」とみなしている（B446-447強調筆者）。したがって二つの数学的カテゴリーに基づく数学的自然科学の対象は「世界」であるのに対し、二つの動力学的カテゴリーの対象は「自然」であり、動力学的カテゴリーは「自然に……ア・プリオリに法則を指定する概念」（B163）である。そして動力学的カテゴリーは「ア・プリオリに法則を指定する」とみなされている限りにおいて「形而上学的」であり、「形而上学的」である限りにおいて英知界とかかわっている（第一章第三節（2）参照）。「原則論」もこれに呼応して、二つの数学的原則では現象はすべて量的に（外延量と内包量として）、数学的／力学的に規定され（A179/B221）、ここでの因果性はア・ポステリオリであるのに対し、二つの動力学的原則で論じられていたのは動力学的な形而上学的に必然的なア・プリオリな因果関係である。「因果関係」は「原因」と「結果」とを媒介する「原因から結果への移行」にほかならない。そして「超越論的理想」はこのような英知界（原因）と現象界（結果）とのア・プリオリな必然的因果関係、つまり前者から後者への移行と密接にかかわっている。「第一批判」における難問の一つ「理想」について、このような「移行」という観点から考察しておこう（A567/B595 以下参照）。

「理想」については様々な解釈が存在するが、「理想」は「理念」と比較され、「理念以上に客観的実在性からはより遠く離れているように思える」（A568/B596）とみなされている。比較されていることを考慮すれば、「三つの理念」に呼応する「三つの理想」が想定されているように思われるが、しかし表題を見る限り理念は複数 Ideen で（A321/B377）、理想は単数 Ideal で表記されている（A565/B595）。そして理想について論じた後に「神学」が問題とされている点を考慮すれば、理想では形式的にではなく内容的に考察される「神学の対象」が超越論的に論じられているとみなしうる。つまり諸理念は形式論理学に基づいて推論されているにすぎないのに対し、理想がわれわれに可能な論理的推論では扱いえない神学的対象として考察されているとすれば、カントは理想を「理念以上に客観的実在性からはより遠く離れている」とみなしていると考えることができるのである。結論から言えば、理想は「英知界の内容」を超越論的に考察している「神学の対象」とみなしうるのである。

つまり、「われわれにとって理想であるものは……プラトンにとっては神的悟性の理念」であり、「物そのものの原型」（A313/B370）であるとみなされ、カントは理想を「現象におけるすべての模造の根源的根拠」（A568/B596）とみなしている。つまり「現象界」は「模造の世界」であるのに対し、理想はその「原型」あるいは「根源的根拠」としての英知界（イデア界）であり、「物自体そのものの概念が全般的に規定されたもの」としての「超越論的神学の対象」（A580/B608）なのである。この場合「超越論的」が意味しているのは「すべての可能的述語」としての認識諸能力に呼応する可能的経験のすべての対象を、「たんに論理的にではなく、つまり論理学に基づいて導出された形式的な理念としてではなく、ア・プリオリに思考されるそれらの内容にかんして考察する」（A574/B604 強調筆者）という意味である。要するに、理想は「すべての可能的述語」を認識諸能力に基づいて「内容的に」つまり実在的に考察していることになる。したがって理想は一方で「物自体そのものの概念が全般的に規定されたもの」として「概念規定」され、他方で「すべての実在するものの可能的述語」として「実在規定」されていることになる。換言すれば、もちろんカントは理想において超越的実在を主張しているわけではないが（B612参照）、一方で理想としての英知界はたんに「空想の産物ではなく……まったく完全であるものの概念」（B597–598）として「概念規定」され、他方では「感官のあらゆる客観の可能性のための質料の総体において与えられるもの」として「実在規定」されているのである。カントは理想のこのような実在規定に何度も言及している。理想は「あらゆる経験の実在の全体」であり、この全体を「対象の可能性の条件として前提しないとすればわれわれにとっての客観なるものはなにも存在しない」（A582/B610 強調筆者）と。さらにカントは理想が「超越論的基体」として、「そこからあらゆる可能的述語がとられうるいわば素材の全貯蔵」を、要するに「実在性のすべて」を含んでおり（A575–576/B603–604）、理想は「現に存在する一切のもののもとで必然的に見いだされる全般的規定の根拠」（A576/B604）である、と繰り返している。しかし、カントが英知界の内容をわざわざ「理想」として、このような実在するものの全貯蔵として強調しているのはなぜなのだろうか？ それは「二律背反」の「動力学的二つの抗争」で問題とされた「因果性」と「必然性」に基づいて、英知界と現象界とを媒介する機能によって両世界の移行を担うものとしての理想を、最終的に何としても必要としたからではないだろうか。動力学的二律背反における「因果性」と「必然性」の問題を振り返ってみよう。

「第三の抗争」は「自由の因果性」（定立《テーゼ》）と「自然の因果性」（反定立《アンチテーゼ》）の抗争であり、「因果性」の問題である。カントの解決は前者が英知界において、後者が現象界において各々可能であるというものである。そしてここでの「自由の因果性」は最終的にその「第一原因」にまで遡及しなければならないし、「第一原因」は自らの自由意志によって無からすべてを創造した「全能の神」とみなすべきである。「第四の抗争」は世界の原因としての「端的に必然的な存在者」が「現存する」（定立）か「しない」（反定立）かの抗争であり、「必然性」の問題である。カントの解決は「第三の抗争」同様前者が英知界、後者が現象界において各々可能であるというものであるが、ここでも最終的な「必然的存在者」にまで遡及しなければならないし、それはやはり「全能の神」であるとみなさざるをえない。したがって「因果性」と「必然性」についてのこの二つの抗争はいずれも英知界と現象界にかかわる動力学的構想なのだが、最終的に「自由」であると同時に「必然的」であるというわれわれには理解しえない「第一原因」、つまり「全能」な必然的第一原因を大前提にしているとみなさざるをえないのである。では「第一原因」と「英知界」および「現象界」とはどのような関係にあるのだろうか？ 英知界と現象界とを創造したのは「第一原因」にほかならない。ギリシャの神デミウルゴスのような「世界制作者」と違って、キリスト教の「全能の神」はすべてを創造したのである（A627/B655参照）。超越論的観点からすれば、このような神はもちろん、「英知界」もまた概念的にしか規定されえない。それでも「物自体そのものの世界」である英知界は「実在するものの全貯蔵」であり、われわれが実在していると表象するすべてはこの「全貯蔵」に真に実在していることになる。逆に言えば、われわれが英知界にかんして実在規定しうるとすれば、それは現象界において可能的に実在するものすべての表象を通じてのみ間接的に可能であるにすぎないのである（実体と諸実体との関係におけるのと同様に）。しかし二つの動力学的二律背反では英知界と現象界とがどのように関係しているかについてなにも言及されていない。したがって両世界を媒介し、前者から後者への移行を可能とするものが何としても必要となるのである。そしてこの媒介はヌーメナルな「概念規定」とフェノメナルな「実在規定」という二つの異種的性格を備えている必要がある。そこでカントは理想に「概念規定」と「実在規定」という二つの性質を担わせ、両世界を媒介し、移行を可能とする機能を担わせているのである。しかし厳密に言えば、つまり超越論的観点からすれば理想は概念規定しか可能ではない。

それにもかかわらず、カントが理想にこの二つの規定を担わせようとしているのは、「第一原因による創造」と「現象界」との中間領域である「英知界」を媒介として、「創造」と「英知界」と「現象界」との「必然的な因果関係」を可能とするためである。このような理想の媒介機能によってのみ二つの動力学的二律背反における「因果性」と「必然性」とは「第一原因」を通じてア・プリオリに英知界から現象界への移行の正当性を主張しうるのである。以上のように想定しうるとすれば、理想についての概念規定と実在規定は明確に二律背反に連なっていることになる。そして一方では最終的に「最高存在者の概念」を仮定しながらも、しかし他方では超越論的立場においてこのような最高存在者を「そのような存在者が必然的に実存在する existiert」と「あえて主張することは厚かましい越権である」（A612/B640）とみなされている。「越権」を犯さないためには、最高存在者の実存在そのものではなく、「最高存在者」（概念規定）と「実存在」（実在規定）とを媒介する理想が何としても必要なのである。要するに、理想にこのような媒介機能を担わせることによって、現象界から英知界へ、さらには第一原因への、あるいはその逆の必然的因果関係に基づく移行が企てられているのである。しかし理想にかんしては、それが英知界の問題である限り、超越論的観点からすれば、厳密には「概念規定」のみが可能なのである（「超越論的時間規定」としての「図式」の場合、それが「時間規定」である限り、厳密には「直観的規定」のみが可能であるのと同様である）。したがって理想のこの媒介は十分機能しないままにとどまっている。不十分であるゆえに様々な解釈が行われていると思われるが、カントにとって理想の媒介機能は不可欠である。なぜなら「カテゴリー論」から「原則論」へ、「原則論」から「二律背反」へ、さらに「二律背反」から「理想」への連続した動力学的媒介機能はカント超越論哲学の体系的統一のための、換言すれば「移行」のための不可欠の条件だからである。では「理念」にはこのような媒介機能が備わっていないのだろうか?

純粋悟性概念（カテゴリー）について用いられていたのが超越論的論理学であったのに対し、純粋理性概念（理念）について用いられているのは伝統的形式論理学である。なぜならカテゴリーが経験領域に厳しく制約されているのに対し、理念はこの領域に制約されてはいないからである。理念は形式論理学の「関係の判断」に基づいて、（一）定言的推理に従って「認識する主観の無条件的前提」として「私そのもの」（魂の単純性）が、（二）仮言的推理に従って「認識される客観の無条件的前提」として「現象の総体」（宇宙の普遍性）が、（三）選言的推理に従って「（一）と（二）双方の無条件的前提」として「神の存在」が三つの理念として導出されている。これら諸理念は各々ヴォルフによってキリスト教的「三位一体」に呼応して創設された（一）「合理的心理学」、（二）「宇宙論」、（三）「神学」、の各々の対象という近代的な意味での三つの形而上学的課題を取り入れたものである。ただしカントはヴォルフと違ってこれらの存在証明は不可能とみなし、悟性認識の「虚焦点」（A644/B672）として位置づけている。したがってカントにとって諸理念はたんなる「統制的原理」に過ぎないのである。ただカントはこれらが論理学的に正しく推論されていれば、「客観的妥当性を持つ」（A311/

B368）ともみなしている。妥当性を持つとしても、諸理念が統制的原理にすぎないという点においてそれらは理想とは根本的に異なっている。なぜなら理想は統制的原理（概念的規定）であると同時に、構成的原理（実在規定）ともみなされているからである。これに対し諸理念は実在規定には一切かかわっていないゆえに、理想のように異種的な二つの規定を備えているとはみなされず、したがって媒介機能を備えてはいないのである。英知界の内容としてわざわざ理想について論じる必要がここから生じていると想定することができる。

以上のような「第一批判」における諸問題とは別に、批判期には動力学にかんして注目すべき著作が存在する。それが「第一批判」A版とB版の間に出版された『原理』である。というのもこの著作は批判期に著されているにもかかわらず、特殊形而上学に立脚した超越的存在一般の原理にかかわる物理学を扱っているからである。一般形而上学と特殊形而上学にかんする「第一批判」と『原理』のそもそもの構想は『形式と原理』が公刊された一七七〇年頃から始まっていると考えられるが、この段階では当初『原理』の執筆が企てられていた。しかしその途中で予備学として「第一批判」を『原理』に先行させる計画が生じている（SI. 02 : 395. §8 参照）。この点についてはランベルトとの往復の手紙に詳しいが（一七六五年一二月三一日、および一七七〇年九月二日付手紙参照）、この時点で明確に「第一批判」では一般形而上学を、『原理』では特殊形而上学を扱うことが企てられているのである。そして前者において「認識諸能力のプリオリテートの解明」が、後者において「物理的物質一般の可能性」

と「物体運動への数学の適用可能性」が構想されている。そして公刊された『原理』の第二章では「動力学の形而上学的原理」が扱われているが、カントの動力学への理解をさらに深めるために『原理』を考察することにしよう。

2　『原理』「第二章　動力学」

『原理』は特別な意義を担った著作である。というのもそれは特殊形而上学の問題を扱いながらも「超越論的部門」の一部を成しているとみなされているからである。つまり、カントは『原理』で扱われているのが「本来的な自然科学の諸原理」であることを前提とした上で、「本来的自然科学」が「特定の自然」と「純粋な部門」とを必要にしているとみなしている。「特定の自然」とは「思考の外に（現に存在するものとして）与えられうる自然物」であり、これは前批判期における超越的な「物質／物体概念」に該当する。他方「純粋部門」とは「あるものをア・プリオリに認識すること」を、同じことだが「あるものをたんなる可能性から認識すること」を意味しており（MAN. 470）、「第一批判」における超越論的な「感性論／分析論」に該当する。したがって『原理』では「第一批判」の研究成果である超越論的な「純粋部門」を踏襲した上で、これが特殊形而上学の「特定の自然」に適用されていることになる。つまり、『原理』では「超越論的諸カテゴリー」に基づいて、「超越的物質一般」

が「四つの原理」として考察されており、これによって『原理』は「超越論的部門」の一部をなしているとみなされているのである。そしてこのように物質一般に諸カテゴリーを適用しているのは、前批判期とは違って超越的物質を「ア・プリオリな体系」として、「学」として基礎づけるためである。なぜならア・プリオリな体系を構成しうるのはア・プリオリな超越論的諸原理以外にはないからである。『原理』の内容を検討することにしよう。

「第一章　運動学」では数学的観点から「物体における経験可能な運動」として「運動の本質」だけが問題とされ、運動は「相対的な外的関係の変化」と定義されている（同 481-482、「定義二」）。したがってここでは前批判期の『形式と原理』で扱われていた「空間における関係の変化」（SI. 04 : 547、原注）という運動の定義が再度取り上げられていることになる。つまり、『形式と原理』において運動は二つの観点から規定されている。つまり、同じ状態の物体を（一）静止している空間の中で運動している物体と規定することも、（二）逆に、物体は静止していて、この物体を含んでいる空間が運動していると規定することも可能であり、したがって運動について相対的規定が可能なのである。それゆえ『形式と原理』と同様、『原理』「第一章　運動学」においても運動は空間における相対的な外的関係の変化とみなされ、同じ二つの規定が与えられていることになる。しかし大きな相違点が存在し、それは『原理』では「運動の合成」について「量のカテゴリー」が適用されているという点である。つまり、カントは「物質の運動」を「外延量」とみなしているのである。要するに「あらゆる運動を直線的な「外延量」(MAN. 488) とみなし、これに基づいて運動の合成を「単一性」「数多性」「全体性」という「量のカテゴリー」に則して説明している。このようなカテゴリーの適用はもちろん前批判期ではありえないことである。

「第二章　動力学」では「現実運動」が「静止状態にある物質」の内部構造に基づいて論じられており、したがって『モナド』の問題が再度取り上げられていることになる。『モナド』では「モナドの作用圏」(単純実体)に「引力／斥力」が充満し、それによって「最小空間の作用圏」である一つのモナドが形成され、モナドの不可入性が論じられている。さらに諸モナド間にもこの二つの力が作用していると説明されている。そして無数のモナドが遍在的に全空間を充満しているとみなされており、「空虚な空間」は存在しえないことになるが、『原理』においても物質の空間充満と空虚な空間の否定が大前提とされたうえで、静止状態にある物質の「現実運動」が分析されているのである(同04 : 497、「定義二」)。ただし「運動学」においてもカテゴリーの適用が行われ、基本的に「引力／斥力」による「内包量の度」が問題とされており、『モナド』との相違が明確に示されている。それは引力よりも斥力にかんする空間充満の「強度」の問題である(同 499)。つまり、斥力は延長力や弾性において強弱の度合いを持っていると想定され、このような強弱の度合いである強度は内包量(質的実在性)の問題であり、したがってここでは「質のカテゴリー」が適用され、「実在性」〔斥力〕、「否定性」〔引力〕、「制限性」〔斥力と引力による相互的制限〕という三区分がなされている。カントはこの章を次のように締めくくっている。「物質という経験的概念の根拠として存在するものの背後に向かう形而上学の探求は、自然哲学をできる限り動力学的な説明根拠へと導くという意図にとってのみ有益である。というのも、われわれはただ動力学的説明根拠によってのみ一定の法則を手に入れ、したがってまた真に理性的に関連づけられた諸説明を手に入れる望みを持つことができる」（同534）、と。要するにカントにとって動力学は物質による空間充満だけではなく、経験を形而上学によって基礎づけているということでもあることがここでも確認しうるのである。そしてニュートンは「力の原因」を不問に付したが、カントはニュートンの「経験に制限された数学的自然科学」が形而上学的原理による基礎づけを必要とする理由として、「ニュートンは普遍的な引力の原因についての問いに答えようとするあらゆる仮説を無視したが、これは正しかった。なぜならこの問いは……形而上学的なものであって、数学的なものではなかったからである」（同514-515）とみなしているのである。カントにとって形而上学的第一原因がすべての究極的な根拠であり、いま引用した二つの文章を考え合わせてみると、経験的な自然科学を形而上学によって基礎づけるための媒介となっているのが動力学的機能であることは明らかであり、この機能のおかげで「形而上学的諸原理」から「物理学」への移行が可能となるのである。そしてこのような観点も前批判期にはみられないものである。

「第三章　力学」では「あらゆる力学的法則は動力学的法則を前提にしている」（同537）ということを大前提として、「力学」における物質の相互作用が扱われることになる。つまり、ここではある物質（原因）と他の物質へのこの物質の運動の伝達（結果）という因果関係が考察されているのである（同547原注）。そして『活力測定考』で扱われていた「死力」（現実運動）と「活力」（自由運動）が定義し直され、「動力学で扱う根源的な運動力を死力と名づけ、あらゆる力学的な運動力を活力と名づける」（同539）と、『活力測定考』では不明瞭であった死力と活力とがここでは明瞭に定義し直されている。この定義に基づけば、「死力」は先の「第二章　動力学」で扱った「絶対静止状態にある物質内部の引力と斥力による作用圏の状態」であり、これら二つの根源的な運動力を介してのみ生じる運動の伝達が「活力」とみなされていることになる。死力と活力はここにおいて動力学的に大きく修正され、基礎づけ直されているのである。

この段階で『原理』全体の構成が明らかとなる。つまり、「第一章　運動学」では物質の運動可能性一般が規定され、これを踏まえて「第二章　動力学」では動力学的現実運動（死力）が考察され、これに基礎づけられて「第三章　力学」では必然的な力学的相互作用（因果関係）として自由運動（活力）が考察されているのである。つまり『原理』全体の構成は、様相のカテゴリーに従って、第一章では「可能性」、第二章では「現実性」、第三章では「必然性」の様相が扱われていることになる。そしてこの第三章でも力学にかんして「関係のカテゴリー」がニュートンにおける「運動の三法則」にかかわる力学的諸法則に適用されている。ただしニュートンの三法則とカントの三法則とは基本的に異なっていることが明瞭に指摘されている（松山、二〇〇六、一七〇―一七五参照）。

つまり、ニュートンの三法則は（一）慣性の法則、（二）運動方程式、（三）作用反作用の法則であるのに対し、カントの三法則は（一）質量保存法則、（二）慣性の法則、（三）作用反作用の法則である（MAN. 04 : 541 以下参照）。したがってニュートンの三法則にはカントの（一）が、またカントの三法則にはニュートンの（二）が欠けており、順序は異なるが残りの二法則は両者で一致している。松山によれば、ニュートンはカントの（一）を自分の三法則全体の前提としているためにそれを含めていないことになる。またカントの三法則は「第一批判」における「関係のカテゴリー」および原則論「経験の諸類推」に準じていることも松山によって明らかにされている。つまり、（一）「関係のカテゴリー」第一項「実体性」に基づいて「第一類推」の「持続性」（増減しない実体の量）が、この「持続性」に基づいて「質量保存法則」が導出され、（二）第二項「因果性」に基づいて「第二類推」の「継起」が、この「継起」に基づいて「慣性の法則」が導出され、（三）第三項「相互性」に基づいて「第三類推」の「相互作用」が、この「相互作用」に基づいて「作用反作用の法則」が導出されていることになる（松山、二〇〇六、一七〇―一七五参照）。このように理解しうるとすれば、残されているのはなぜカントの三法則にはニュートンの（二）が欠けているのかという問題である。

カントにとって「力学的諸法則」は「動力学的諸法則」を前提にしている。そしてニュートンの（二）における「等速直線運動」は「量のカテゴリー」、「直観の公理」および「第一章　運動学」と一致している。これらはすべて「量」の問題であり、したがって力学の問題であって動力学的基礎づけを欠く「数学的カテゴリー」にかかわる問題である。カントがその三法則を導出しているのは「動力学的カテゴリー」の領域であり、カントにとってニュートンの（二）はこの領域には含まれないことになる。したがってカントがニュートンの（二）を自らの法則に含めていないのは当然の帰結であろう。

最後に「第四章　現象学」では以上の三つの章で論じられた物質的諸関係をわれわれ主観がどのような「様相」と規定しているのかが「様相のカテゴリー」を適用することによって考察されている。つまり、先に結論的に述べたように、「第一章　運動学」の規定は運動にかんする「可能的述語」の規定である。要するに「運動学」では物質の運動と静止が空間の運動と静止との関係によって規定されることが示されていたが、それはわれわれがある物質の同じ状態を「運動している現象」とも、逆に「静止している現象」とも規定することが可能であるというものであった。したがって「運動学」は「可能的様相」によって規定される（MAN. 04：554 以下参照）。この場合、この物質を含む空間と、さらにこの空間を含むより大きな空間との関係が不可欠であり、最終的にはすべての空間の総体を必要とする。カントはこの最終的で最大の空間を「理念としての絶対空間」とみなしている（同 480 以下、および「現象学にかんする総注」（以下「総注」と略記）、同 558 以下参照）。「理念としての絶対空間」はニュートンが実在すると仮定した「絶対空間」とは根本的に異なり、もっぱら理念的に要請されているにとどまる。次に「第二章　動力学」における規定は「現実的」であり、ここでは物質の内部構造における「現実運動」（死力）が扱われ、すべての運動はこの現実運動に基礎づけられて現象していると規定され、それゆえ「動力学」は「現実的様相」によって規定されることになる。最後に「第三章力学」の規定は「必然的」であり、カントは「一方の物体が運動することによって他方の物体を運動させる場合、そこには一方の物体の運動と等しい大きさをもって反対方向へ向かう他方の物体の運動が必然的に存在する」（同558）という「作用／反作用」にかんする定理によってこれを説明している。要するに、われわれは力学的現象をこのように必然的に規定しており、それゆえ「力学」は「必然的様相」によって規定されることになる。

以上のように概観してみると、『原理』では物質一般にかんする諸原理を超越的存在への超越論的カテゴリーの適用によって説明しようとするカントの試みは明らかである。しかし超越的観点と超越論的観点とは根本的に両立し難いものであり、カントのこの試みは挫折しているとみなさざるをえない。『オプス』「エーテル演繹」も基本的にこれと同様の試みであり、未完状態にとどまっているのはこのためであろう。ただ『原理』における「総注」は『オプス』との関係において注目すべき箇所であり、「総注」を考察する必要がある。

3 『原理』「総注」と『オプス』におけるその修正

この時期はラヴォワジェに代表されるように「化学」が著しく発展し、目覚ましい革新を行っており、カントも化学に多大な関心を示している。そして『原理』では「本来的自然科学」が問題とされているが、化学はもっぱら経験にのみ基づく「非本来的自然科学」と位置づけられている（同 468）。しかし「総注」では化学で扱われている「派生的諸力」が、これら諸力の源泉とみなされた二つの根本力（引力と斥力）との関係で論じられ、『オプス』の展開とかかわっている。

これまで引力と斥力は可能的経験の対象とみなされ、ア・プリオリに「洞察することはできない」（同 524）とみなされている。「総注」においても「物理学的な意味」において「物質の特殊的な規定や差異を、ましてや種別的な規定や差異をア・プリオリに説明しようなどと企てることがないよう用心すべきである」（同 524）と注意が促されている。ここで「物質の特殊的な規定や差異」として念頭に置かれているのは「体積（空間内容）」、「密度（空間充満の強度）」（同 524-525）、「凝集（引力）」、「弾性（斥力）」（同 529）、「溶解（化学的浸透）」（同 530）等の経験的諸力にかんする規定や差異であり、従ってこの引用文でカントは引力や斥力、および化学的派生諸力をア・プリオリに説明することはできないと注意を促しているのである。そして「力学作用」と「化学作用」とは次のように区分されている。

「力学作用」は「運動している物体がその運動を通じて相互に及ぼしうる作用」であり、作用反作用の法則に従っている（「第三章　力学」参照）。「化学作用」は「物質が静止状態にあっても……物質諸部分の結合を相互に変化させる……物質の作用」（同 530）と規定され（「第二章　動力学」参照）、例として「熱素が物体に浸透する場合」が挙げられている。そして「運動している物体の作用」にかかわる力学的浸透と「静止している物体内部の作用」にかかわる化学的浸透とは「まったく異なる」（同）とみなされている。「エーテル」についても言及されているが（同 532）、ここで注目されるのは熱素やエーテルが化学作用とみなされ、それが「動力学」の作用と重なっている点である。つまり、前節で考察したように、「第二章　動力学」において「静止している物体内部の作用」は「動力学的作用」とみなされており、エーテルは動力学的作用とみなされていることになる。このことがきわめて注目に値するのは、『原理』において非本来的自然科学の作用と位置づけられていた化学的諸作用が、『オプス』では逆に本来的自然科学である力学を基礎づける最も基本的な物質的作用として根本的修正を蒙っていると考えられるからである。この問題を考察する前に、『原理』段階で力学と動力学と化学とがどのような関係にあるのかを整理しておくことにしよう。

力学的前提と動力学的前提との違いは明瞭である。前者は「機械論的自然哲学」（同 532）であり、「絶対的充実体」である剛体とその絶対的不可入性、つまり「原子」とが絶対空間との関係において、空虚な空間を前提として説明されている（同 525 参照）。これに対し後者ではすべての実在的なものが「純然たる運動力」（同 524）である引力と斥力との結合の仕方によって説明され（同 524 参照）、原子と空虚な空間は否定されている。「あらゆる空間は完全に充満していて、しかもさまざまな程度において充満していると考えること」ができ、したがって空虚な空間なるものは……その必然性を失う」（同 524）ことになり、「物質の第一性質」（同 523）として斥力が前提されている。このように力学と動力学とは全く異なった前提に立脚しているが、しかしともに引力と斥力とが要石となっている。そして「本来的自然科学」はカテゴリーに従って分類されるとみなされ、力学と動力学とはいずれもカテゴリーに従って分類されているので、この二つの学は本来的自然科学を構成する部門とみなされていることになる。これに対し化学が非本来的自然科学と位置づけられているのはカテゴリーによっては分類されない「経験にのみ基づく派生的諸力」を対象としているとみなされているからである。要するに、根本的諸力を扱うか派生的諸力を扱うかによって区分されているのであるが、しかし不明瞭なのは、先に触れたように、動力学と化学的諸作用とがオーバーラップしている面があることである。このような『原理』における「力」の関係にかんして、『オプス』では大きな修正がなされているのであるが、その点を考察することにしよう。

『オプス』の最初期のものとみなされている小束では「総注」の内容が踏襲されており、「総注」が『オプス』に継承されていることが認められる。しかし、先の「エーテル演繹」で触れたように、その後『オプス』におけるエーテルはカテゴリーに従って考察され、「経験に基づくことはなく……物理学からは何も借用して」おらず、「経験をア・プリオリに可能にする」（22：595. 14–18）とみなされている。その限りにおいてエーテルは物理学をア・プリオリに可能とする物質一般と考えられ、エーテルに対して「動力学的」という形容がなされることになる。したがって「総注」の観点が大幅に修正され、動力学的エーテルは「経験に基づくことはない」限りではア・プリオリ、経験にかかわって「経験を可能にする」限りではア・ポステリオリであり、二つの異種的性格を備え、ア・プリオリな領域とア・ポステリオリな領域を媒介する機能を担うものとして位置づけられることになったのである。動力学的エーテルは「積極的に流動する物質」（22：588.3）であり、「運動力のすべて」であり、「カテゴリーの体系のもとに存立」し、「可量性や凝集性」等々の現象の「すべての基礎を根源的に」行っていることになる（21：183. 15–24）。そして引力と斥力とを運動させる力とさえみなされているのである。「総注」では非本来的自然科学である化学が扱う派生力としてのエーテルが『オプス』では本来的自然科学も非本来的自然科学をもともに可能にする自然科学の構成的原理へと昇格し、根源力として位置づけられていることになる。したがって『原理』「総注」では曖昧に扱われていたエーテルが、『オプス』においては「〈自然科学の形而上学的諸原理から物理学への移行〉を可能とする原理」へと昇格していることになる。カントはガルヴェ宛一七九八年九月二一日付のよく知られた手紙の中で、「私が現在取り組んでいる課題は〈自然科学の形而上学的諸原理から物理学への移行〉にかんするものです……これを解決しないと批判哲学の体系中に裂け目が生じてしまうでしょう」（12：

257）と記しているが、この「裂け目」を満たし、「移行」を可能とする「原理」としてエーテルは新たな、極めて重要な役割を担うことになったのである。そして「総注」が注目されるのは、「総注」における化学への考察によって「裂け目」を満たすエーテルの機能が構想されるためのきっかけが与えられたと考えられる点にある。「裂け目」と「移行」の問題については章を改めて考察することになるが、その前に「空虚な空間の否定」と「空間充満」というカント的動力学の一方の大きな特徴について、カントの観点を考察することにする。

4　「空虚な空間の否定」
――「空間充満」――

「空虚な空間の否定」については「第一批判」の「諸類推」で詳細に論じられている。「諸類推」の大前提は「何ものも無からは生じえず、無に帰することはできない」（A186/B229）というものであり、パルメニデスの「あるものはあり、ないものは断じてない」という詩片が想起される（「パルメニデス」納富信留、二〇一一参照）。一般に「空虚な空間」とは、空間は存在するがその空間の中に何も存在しない真空状態を意味し、空間自体がないということではないと考えられるが、しかしカントは空虚な空間を空虚な時間とパラレルに扱っており、後者の場合時間そのものがない状態とみなされているので、あるいは前者においても空間自体が無である状態が想定されている可能性も考えられる。まずこの点について空虚な時間から考察することにしよう。

「第一類推」における「実体」（持続性）を基準として、「第二類推」では「時間」（継起）が、「第三類推」では「空間」（同時存在）が扱われている。したがって空虚な時間の問題は第二類推の要となる問題であり、あるものが現在現象している場合に、これに先行する時間（過去）が存在しないような場合が提起されている。このような空虚な時間は必然的な因果的継起を成り立たせることはなく、そもそも可能的経験の条件を満たしてはいない。つまりこの場合「現在の時間」が突然「無から生じる」ことになり、次の瞬間この現在の時間が無に帰し、また次の瞬間に突然無から新たに現在の時間が生じることになる。「第二類推」が要求しているのは継起する時間であり、無に帰する時間ではない。そしてこの場合問題とされているのは存在しないもの（空虚）は「知覚しえない」ということである（A191-192/B236-237 参照）。ただしこの主張は「知覚しえないものは存在しえない」ということではない。物自体も、諸実体の総体である実体も、さらにはエーテルも知覚しえないがカントはそれらが「存在しえない」とは想定していない。例えば「第一類推」においては「変遷する諸実体の知覚を通じて知覚しえない実体が確認される」とみなされており、またエーテルは知覚しえないが、しかしエーテルが存在しないとすれば物質も物体も出現しえず、物質や物体が知覚しうる以上、エーテルのような何かが存在していなければならないと想定されて、『オプス』では「エーテルの存在証明」が試みられているのである。プラウスはニュートリノを例に挙げ、ニュートリノのような未確認であった何かの存在が、それが存在しないとすれば「核運動量保存法則そのほかの保存原理が損なわれることがあるという経験的事実に直面して」考え出されたと述べている（プラウス、二〇五）。カントの場合エーテルの存在もこれと同じ発想に基づいているとみなしうるだろう。また二つの純粋直観も「それ自体としては知覚されえない」（B225他参照）が、それらが存在しなければそもそも経験は成立しえないのである。

他方空虚な空間は「第三類推」で論じられ、そこにおける中心的主題は諸実体の相互作用に基づく「同時存在」である。ライプニッツが主張しているように、諸実体が各々個別化されて孤立状態にあるとすれば、諸実体間の相互的影響はなく、それらは空虚な空間によって完全に分離した状態にとどまる。相互影響を可能とする神の予定調和が必要とされたのはそのためであった（B293参照）。カントはこのような予定調和に基づく「諸実体間の同時存在は可能的知覚の対象ではないであろう」（A212/B258–259）とみなし、天体の光の例を挙げている。「われわれの目と諸天体の間にきらめく光はわれわれとこれらの天体との間の間接的相互性を引き起こし」、われわれの目と諸天体の間の「いたるところ」に「物質」が存在し（A213/B260）、このような物質が諸天体間の「間接的相互性」を生じさせ、これによってのみ諸天体間の「同時存在」が証明されるとみなされているのである（同参照）。ただし「第一批判」は超越論的立場に立脚している以上、「いたるところに存在する物質」の超越的実在について明言することは回避されている。これに対し『原理』ではこのような「いたるところに遍在している外的物質」を「エーテル」と明記しているが（04：564）、それは『原理』が超越的存在にかかわる特殊形而上学を問題にしていることの証左である。さらに月と地球の例も挙げられている。つまり、月から地球への、逆に地球から月への知覚が可能であるとすれば、この二つの知覚は同じ時間に存在するものとして知覚されるが、しかし時間そのものは知覚されないので、一方を知覚している場合には他方の知覚は主観のうちに「構想力の把捉の総合」のおかげで現存していると表象されていることになる。しかしこの総合は同時存在とその必然性を示すことはできない。これを示すためには「これらの知覚以外に同時存在を規定する悟性概念」、つまり「相互性のカテゴリー」が必要とされる（B257参照）。ただし、相互性のカテゴリーはカテゴリー論にかかわる概念規定であって、これのみでは感性的諸知覚を規定することはできない。二つの知覚を結合しうるためにはさらに原則論にかかわる感性的条件としての「相互性の図式」を必要とする。この図式に従ってのみ諸知覚の同時存在が必然的に規定されうることになるが（A144/B184）、その前提となるのが「空間」という純直観である。なぜなら「空間はすでにア・プリオリに（作用と反作用、したがって相互作用における）諸実体のさまざまな関係の可能性の諸制約を自らのうちに……含んでいる」（B292-293）からである。この例において、カントが月と地球という二つの物体の間にも「いたるところに存在する物質」を想定していることは明らかであろう。これによってカントは、ライプニッツに対して、「神を介入させることなく」諸実体の相互作用を可能とさせているのである（同参照）。

カントは「いたるところに存在する物質による空間充満」にかんして、「遠隔作用 actio in distens」についても言及している。つまり、「観念論論駁」では「われわれは、引き寄せられた鉄粉の知覚からすべての物体を貫通する磁気物質の現存在を認識する。ただしこの素材の直接的知覚はわれわれの諸器官の性格からしてわれわれには不可能であるが」（A226/B273）と、知覚しえないにもかかわらずその実在を認識しうる磁気物質を例示しているが、この例示はエーテルの実在を導出する場合と同じ論拠である。アリストテレス以来遠隔作用は長期間にわたって否定されてきた。つまり、アリストテレスは「不動の動者」（神）という擬人化された原理に基づいて手や道具等による「直接的な接触によってのみ」物体に力が伝達し、この力を通じて「物体が動くという現象」が可能になるとみなしている。そのために遠隔作用を行う磁気は不可思議な現象を生じさせるものとみなされ、鉄と磁石の関係について、ニュートンの重力による解決にいたるまで様々な、奇妙な解決策が講じられてきたのである（山本義隆、四参照）。カントは『オプス』において、重力が作用していて一見したところ遠隔作用が生じている空間のいたるところにエーテルが存在し、エーテルによる空間充満の可能性を示唆している。この作用は「媒介のない物質間の空間」を前提にしているゆえに「空虚な空間」を前提にしているとみなされるかもしれないが（21：228. 28–32 参照）、しかしカントはこの「中間空間」のなかに「われわれの感官に対して、度にかんして知覚できない物質」としてエーテルの干渉を想定しているのである（21：229. 10–11）。したがって「観念論論駁」においてもエーテルの現存在が示唆されているとみなすべきである。さらに「まったくいかなる示されるべき直観が相応することのない……対象なき概念」（B347）、「対象なき空虚な概念」（B248）に言及され、『プロレ』（§40）では「私はそのもとに……その対象がどのような経験においても与えられない、必然的概念を理解している理念」に言及している。それが、「概念」や「理念」と表現されてはいるものの、「エーテル」を意味していることは明らかであろう。超越論的立場においてエーテルは「実在しているもの」として明言することは回避され、「概念」あるいは「理念」と表現せざるをえないのであろう。

エーテルのこのような空間における遍在は空虚を排除した「すべての空間的に接続している空間的経験の統一」を保証している。このような空間の相互的接続がなければ、「いかななる知覚も他の知覚から切り離され、孤立してしまう」ことになる（A213-214/B260-261参照）。このことは時間の永遠性が空虚な時間を排除し、連続的に継起している時間的経験の統一を保証しているのと同様である。月と地球の例を力学的に考えてみれば、この二つの諸実体間には諸実体の存在しない空虚な空間が広がっている。しかし「諸実体が完全に空虚な空間によって分離されている」とすれば、二つの諸実体が継起しているのか、それとも同時的に存在しているのかは識別されえないであろう（A212/B259参照）。二つの諸実体が「同時的に存在するものとして経験的に表象されうる」ためには「時間的な位置の規定」が必要であり、この規定が「全般的相互性」において位置づけられている必要がある。つまり、ある一瞬だけを問題とし、この一瞬にすべての「どこでも物質」やすべての「物体（実体）」が同時的に存在している（時間的な位置の規定）と規定することによってのみ、二つの実体もまた「同時的という位置の規定」に基づいて同時存在を規定されうることになる。したがって諸実体が接触していても離れていても「動力学的相互性のうちになければならない」（A213/B259-260参照、強調筆者）ことになる。つまり、例えば月と地球の間の、またわれわれの目と諸天体の間の空間は「どこでも物質」によって動力学的に充満されていなければならず、「どこでも物質」によって遍在的に接合されていなければならないことになる。そしてこのような空間充満を可能にする「どこでも物質」は「動力学的エーテル」以外ではありえないのである。しかしここでは超越論的観点のもとで論じられており、超越的存在としてのエーテルについての言及は慎重に回避されている。

継起している時間的統一と相互的同時存在という空間的統一とは不可分であり、これによってのみ「一つの経験」が可能となる。しかし、先に提起したように、時間の場合には時間そのものがない状態が空虚とみなされるが、空間の場合にはどうなのだろうか？　「超越論的時間規定」としての図式について言及した際に（第一章第一節）、カントが空間よりも時間のほうが根源的であるとみなしていることに触れた。「空虚」にかんしても同様であり、根源的な時間的継起のもとで空間的な相互的同時存在が考察されているのである。したがって時間が無に帰した瞬間に必然的に空間も無に帰することになる。そして次の瞬間に無から突然時間が生起すれば空間も生起することになり、時間と同様空間も瞬間ごとに断片的に分断され、その統一性を失うことになる。したがって空間そのものの無の状態は時間そのものの無の状態の場合に生じることになり、空間そのものの無は時間そのものの無に帰せられ、時間的問題とみなされることになる。この節冒頭で触れた「無からはなにも生じえず、無に帰することはできない」という「諸類推」の大前提はより根源的な直観である時間に呼応しており、時間に空間そのものの無が還元されていることになる。ただカントは空虚な空間が原理的に不可能だと考えているわけではない。『天界論』では、仮説的にではあるが「もしわれわれの天体系の惑星が公転している空間を考慮するなら、この空間は完全に空虚であるから……物質はこの空間にはまったく存在しない」(01：262) とみなされている。ただしこの段階でカントはライプニッツ的モナド構想にいまだ影響されており、このような見解に立脚しているのは当然である。しかしこのようなライプニッツ的構想を完全に否定している「第一批判」段階でも「われわれの目ともろもろの天体の間のゆらめく光」によって「空虚な空間を私は決して否定しようとは思わない」が、「空虚な空間はわれわれのすべての可能的経験にとっては決していかなる客観でもない」(A214/B261) とみなしている。そしてこれを継承して『オプス』では「空虚な空間は考えられるが、しかし知覚可能ではない、つまり可能的経験の対象ではない」(21：235. 28–29) と記されている。『オプス』ではさらに「知覚の客観の非存在は知覚されないのだから、そこで空虚な空間は可能的知覚の客観ではない」(22：551. 26–28) とみなされ、空虚な空間は主観を触発することがないゆえに、われわれにとって可能的経験の客観ではありえないのであって、その存在が少なくともここでは、積極的に否定されているわけではない。このように考えられるとすれば、カントは「時間的な無」に帰せられることのない空間独自の「空虚な空間」を「空間の中に何もない状態」として考察していることになる。カントはこのような「空虚な空間」を否定し、エーテルが「物質を扇動する力」としてすべての空間に充満し、「ア・プリオリに（知覚の集合としてのすべての経験的なもの以前に）……経験に必然的に帰属するもの」（21：596. 1-4）とみなされている。要するに、扇動する力としてわれわれを触発していることになる。つまり、「外的経験の全体という概念が……充満した空間において（というのも空虚な空間は……可能的実在の客観ではないからである）結合された物質［エーテル］のすべての可能的運動力を前提にしている。この概念はあらゆる物質の連続的運動をも前提にしているが、これらの物質は感性的なものとして主観を触発している。なぜなら……この運動の結果としての諸感官の興奮がなければ、感性的客観の知覚は存在しないであろうし……どのような実在も生じないからである……この物質は……扇動する物質であり、「熱素」であると、知覚されえないにもかかわらずエーテルの存在は積極的に肯定されているのである（21：572. 25-573. 13)。

エーテルについてはニュートンもその存在を根強く主張しており、カントはそれに少なからず影響されているとみなすことができる。そこでエーテル仮説についての両者の見解を比較することにしよう。

第四章　ニュートンとカントにおけるエーテル仮説

空虚な空間をめぐる問題には哲学史的に原子論に基づく「微粒子理論」とそれを否定する「動力学理論」の対立という前史が存在する。エドワードはこれを手際よく概要しているので、それに依拠しながらこの前史を概観することにする（Edward, 93–111 参照）。

1　一七・一八世紀の「微粒子理論」と「動力学理論」

一七・一八世紀における物理的実体概念をめぐる動向は次のように要約されている。「微粒子理論」は一七世紀に支配的潮流であり、特に力学との関係が密接であった。その起源は古代ギリシャのデモクリトス「原子論」にまでさかのぼるが、一八世紀になると様々な化学理論と結びつき、経験的基礎づけが試みられることになる。支配的であった一七世紀には自然哲学者たちが「分離して運動する微粒子」、「可動的微粒子」の実在を仮定し、様々な微粒子の諸特性に基づいて現実的な物理的諸現象を説明しようと試みている。微粒子は物理的世界を説明するための最も基本的要素とみなされ、そこには四つの共通原理が認められる（Edward, 95-96参照）。a、諸物を構成している微粒子はそれ自体実体である。b、微粒子は普遍的で客観的なものとして性格づけられている。c、諸々の微粒子は様々な仕方で組み合わされて諸物を構成している。d、微粒子間の、および微粒子によって構成される物体間の因果的相互性は厳密に力学的に定義可能である、というのが四つの共通原理である。エドワードはこれをアリストテレスの実体概念と比較している。つまり、アリストテレスの場合、具体的に経験されるものとして定義された実体（個物）は生成し消滅する「質料と形相の合成物」であるのに対し、微粒子は形相を含まない永続的にそれ自体として存立する物理的実体であり（原理a）、感覚的知覚の客観的根拠とみなされてはいるが、直接的に知覚されることはない。それにもかかわらず、諸物を構成する究極的構成要素とみなされ、大きさ、形、容積、硬さ、あるいは色彩や味覚等々の諸特性によって主観の感覚器官を触発すると仮定されている（原理b）。さらに経験的に知覚される諸物と、これら諸物を構成している諸微粒子とは同じ本質的特性を共有し、両者は同一構造とみなされている（原理c）。最後に、微粒子のすべての力は、ライプニッツにおけるような「内在的活動力」ではなく、受動的な慣性的性質に還元され、純粋に機械論的に理解される因果法則的力学作用として規定されている（原理d）。以上の観点のすべては内的運動によって基礎づけられているのではなく、「外的条件」

として基礎づけられている（同 95–99）。

他方「動力学的理論にかんしては（一）合理論的潮流（主にドイツ）と（二）経験論的潮流（イギリス）とが相互的に影響し合いながら展開し、ここで最も重要なのは根源的運動力である引力と斥力の実在という想定であり、また光、熱、電気および磁気等の諸現象を説明するために、しばしば「重さを欠く流動体」としての「動力学的エーテル」と「引力／斥力」とが関連づけられているということである。この点において微粒子理論とは根本的に区分されることになる。そして（一）の起源としてライプニッツの「モナドロジー」が、またそれがヴォルフを介してカントへ至ると位置づけられており、カントはライプニッツとニュートンの総合とみなされている。エドワードはカントと同様にライプニッツとニュートンの総合を試みた自然学者として、大陸のボスコヴィッチ（一七一一―八七）とイギリスのプリーストリー（一七三三―一八〇四）に言及している（同 100–105）。ボスコヴィッチは「合理主義的構想」に動機づけられており、物質を感覚を通じて獲得しえない「物質に内在する理想」とみなし、物質の「第一元素」を、延長を持たないが慣性を持つ「点」とみなしており、彼の動力学は「体系的動力学」とみなされている。プリーストリーは「経験主義的構想」に動機づけられており、物理的現実性についての科学的記述を構成するためには「一般的な知覚経験」が必要であるとみなして物質の本質を「引力／斥力」ととらえており、彼の動力学は「認識論的動力学」と称されている（これらの内容については同 103–110、および島尾「第五章」参照）。ここで共通する原理として（ⅰ）、物質は物体を構成している実体であり、引力／斥力によって定義される。（ii）、物質と物体は引力／斥力の相互作用の結果として存在する。（iii）、以上の二点は通常の知覚経験、直接的知覚経験には依存していない。（iv）、引力／斥力の相互作用は力学的諸タームに基づいて理解されることはない、という四点が挙げられている（Edward, 110）。カントの動力学が彼とほぼ同世代であるボスコヴィッチとプリーストリーによるこれら四つの要因をすべて含んでいることは明らかであろう。ただしカントのエーテルは「点」ではないし、引力／斥力に集約されることもなく、少なくとも『オプス』においてエーテルは引力／斥力を扇動させている。この点においてカントのエーテルはボスコヴィッチとプリーストリーとの明確な差異を示している。

エドワードは動力学的理論の（二）における源流をニュートンとみなしている（同 99-102）。ニュートンに対するこの位置づけに違和感を覚える人も多いだろう。実際ニュートンは例えば『光学』「疑問三十一」の中で「初めに神は物質を固い、充実した密な……不可入の可動的な粒子」として創造したとみなし（『光学』三五二）、これに先立つ『プリンキピア』でも「われわれが感じる物体ばかりではなく他のすべての物体の分割されない微粒子の硬さ」を「不可入性」とみなしている（『プリンキピア』四八二）。ここでは微粒子理論が述べられており、究極的粒子［原子］である微粒子に基づくニュートンの物質理論は「階層的構造」によって特徴づけられている。つまり、微粒子によって構成される「複合物質」も微粒子同様「きわめて固い」のであるが、それは「多孔質」であり（同 三四三）、この多孔は「真空」とみなされている。そして最小粒子である微粒子は「もっとも強い引力」によって結合し、これによって構成される複合物質は「それより弱い力を持つ、より大きな粒子〔より大きな複合物質〕を構成し……このようなことが数段階にわたって行われ、最大粒子を構成する」という階層的構造として理解されているのである（同　三四七）。『光学』の訳者島尾はこのような構造を「大まかに言って、現代の原子核、原子、分子にそれぞれ対応すると考えられる」とみている（島尾、三二）。したがってカントが批判しているように、微粒子と多孔（空虚な空間）に基づくニュートンの物質観は微粒子理論の典型とみなされるべきである。しかしニュートンは引力／斥力という動力学的理論の推進者でもあり、また根強い「エーテル仮説」を主張しており、ここに動力学理論の源流としてニュートンが位置づけられる根拠が存在する。島尾によれば、経済学者ケインズがロンドンで競売に付されたニュートン手稿の多くを買い取り、それに克明に目を通したが、そのほとんどが錬金術にかんするものだったということである（同　二）。

2　ニュートンの「エーテル仮説」

当時イングランドは錬金術の復興期であり、化学に大きな関心を示していたニュートンも次第に錬金術への興味が増大していったとみられ、『プリンキピア』や『光学』の執筆時も錬金術に没頭している最中だったということである（同 六一一〇参照）。そしてこれらの著作には「エーテル仮説」が記されている。つまり、『光学』「疑問十九」では「光の屈折」と「エーテル媒介」との関係が（『光学』三一〇）、「疑問二十」では「水、ガラス、水晶等の物質」とエーテルとの関係が問題とされている（同 三一一）。さらに「疑問二十一」では「太陽、恒星、惑星および彗星等……巨大物体相互間の重力」が問題とされ（同）、それとともに物体間の引力、および粒子に含まれているであろうと仮定されている「エーテルがどういうものであるかが私にはわからない」とされながらも、「（空気と同じく）エーテルも互いに遠ざかろうと務める粒子を含むと仮定し……またその粒子は空気の粒子よりも、あるいは光の粒子よりさえ……はるかに小さいと仮定すれば、それらの粒子の非常な小ささが……この媒質を空気よりもはるかに疎で弾性的なもの」にしているのではないかと問われている（同 三一二）。したがってここでは微粒子は固い不可入的原子ではなく、エーテル媒質に含まれる弾性的なものと仮定されているのである。さらに「疑問二十三」では「この媒質の振動」によって「視覚、聴覚その他の感覚が生じる」とさえ仮定され、エーテルは振動する媒質としても仮定されている（同 三一三）。同様のことが『プリンキピア』でも確認しうる。つまり、その第二版（一七一三）で書き加えられた末尾の「一般注」において、「きわめて微細な精気」に言及され、それが「あらゆる粗大な物体内」に侵入し、潜在することによって「諸実体の各微小部分」が近距離では「引き合い」、遠距離では「斥ける」とみなされている。また光の「発射、反射、屈折」やすべての感覚の「刺激」もまた「この精気の振動」に基づいているとも付言されている。ただし、ここでも「この弾性的な精気の作用の法則を精確に決定し証明するものに必要な十分な実験をわれわれはもたない」と付け加えられている（『プリンキピア』六五二―六五三）。ここでの「精気」が『光学』の「エーテル媒質」と言い換えられていることは明らかであろう。ニュートンのこのような「エーテル仮説」はこの時期に限定されているわけではなく、島尾によれば一六七〇年代のいくつかの著作でも散見され、一六七六年のオルデンバーグ宛の手紙では「おそらく自然の全構造はエーテル精気が凝集によって、さまざまに織りなす以外の何ものでもないであろう」とさえ記されている（島尾、二八、松山、二〇〇八「第二章」も参照）。これらのエーテル仮説は必ずしも一貫しているわけではないが、島尾の言うように「様々な現象をエーテルによって統一的に説明し、自然の諸活動の根源をエーテルに求めようとする意図は明らかである」（島尾、四二）とみなしうるだろう。化学と錬金術への深い関心から構想されたニュートンのこのエーテル仮説は明らかに「機械論的微粒子理論」とは一線を画しており、「動力学理論」に基づいている。ニュートンにおけるこのような弾性的で不可入的なすべての物体に浸透しうるエーテルは、おそらく、真空を許さずすべての空間を充満していると想定される。実際、「疑問二十二」においてエーテル媒質は「全空間をいささかの細孔をも残さず十分に充満しているのではないだろうか」（『光学』三二二―三二三）と問われているのである。このような「空間充満」はまさに微粒子理論に対立する動力学理論の核心なのである。したがって、ニュートンには基本的に二面性が存在していることになる。この点を踏襲して、『オプス』におけるカントの「エーテル仮説」を考察することにしよう。

3　カントの「エーテル仮説」

『オプス』におけるエーテル概念は必ずしも一貫しておらず、矛盾した記述も散見されるが、ここではエーテルについてのカントの主要な観点を検討することにする。カントの基本的前提は「そこにおいてすべての運動が見いだされる、一つの空間と一つの時間と一つの物質だけが存在する」(21：224. 3-4) というものである。ここにおける「一つの物質」がエーテルであり、エーテルの実在が、純粋直観ではない超越的な「一つの空間と一つの時間」に基づく「一つの経験」の存在を保証しているのである。したがってエーテルは「経験の現実的で客観的な原理」(21：224. 4-5 強調筆者) であり、換言すれば超越的観点における「〈自然科学の形而上学的諸原理から物理学への移行〉の原理」とみなされなければならず、超越論的観点における「自然科学の形而上学的諸原理」とは本来明確に区分されねばならないはずである。つまり、カントは異種的な二つの「原理」を想定しているのである。そして「移行」のきわめて重要な課題の一つは(次章で考察するようにいくつかの「移行」が計画されているが)「自然科学の形而上学的諸原理 Anfangsgründe」から他方の「〈移行〉の原理 Princip」への移行という課題であると考えることができる。ただここには厄介な問題がある。前者の「諸原理」は純粋な超越論的諸原理（『第一批判』におけるア・プリオリな認識諸能力およびそれらに基づく諸原則）から、超越的物質一般に超越論的カテゴリーが適用された諸原理（『原理』における四つの原理）へと大幅に修正された諸原理であり、後者の「原理」は経験物理学にかんする純粋に超越的な原理から「〈移行〉の原理」へと昇格した原理（エーテル）であるが、後者の原理にも、前者と同様、超越論的カテゴリーが適用されているのである。本来「移行」の問題は「超越的原理」と「超越論的諸原理」の間に存していると考えられるが、『原理』においても『オプス』においても「諸カテゴリー」が適用されているためにそれらの原理にはいずれも超越的原理と超越論的原理とが重なり合ってしまっており、そのために「移行／裂け目」問題は解決し難い難題となっていると考えられるのである。この問題にかんしては後に触れることになるが（第八章参照）、この点についてもう少し説明することにしよう。

カントにおける『オプス』の「エーテルの超越的実在」の特徴は「第一批判」第三類推における相互的同時存在にとって必然的な「どこにでも存在する物質」の特徴と一致している（B230参照）。またこの特徴は「知覚の先取」の連続量の定義とも一致し、ここでは「あらゆる現象一般は連続量である」とみなされ、この場合現象一般の「どのような部分も単純ではない」（A169–170/B211–212）という観点は「空間充満」によって根拠づけられている。『オプス』におけるエーテルもまたこの「どこにでも存在する物質」と同様、連続量として空間を充満しているのである。仮にエーテルによって空間が連続的に充満されておらず、空虚な空間が存在するようなことにでもなれば、経験は分断されて、

「形式に従う唯一の全体」（21：224.5）は形成されえないことになってしまう。なぜなら、絶対的に空虚な空間は空間の現実性にとって不可欠な知覚の連続体を「不可能にし」（21：219.25）、連続的な全体経験は分断されてしまうことになるからであり、「すべての空間を充満しているこのような素材の現実性」は「端的に確実」（21：220. 10–14）でなければならないとみなされているからである。

以上のような構想において注目されねばならないのは、「空間の現実性」と「エーテルの現実性」という超越的観点に基づく「連続的な全体経験」に、それが「形式に従う唯一の全体」とみなされている限りにおいて、超越論的観点が重なり合っているということである。つまり「第三類推」において超越論的に示唆されているにとどまっていた「どこにでも存在する物質」は『オプス』では超越的エーテルとして実在するものとして扱われているが、それが「形式に従う全体」という超越論的観点と重なり合うことによってはじめて体系的な「全体経験」が可能になるとみなされているのである。つまり、『オプス』においてエーテルは超越的観点と超越論的観点とが重なり合った状態でその実在が扱われていることになる。そして超越的と超越論的という異種的な二つの性質を所有しているゆえに、エーテルはこれら二つの観点を媒介しうる「〈自然科学の形而上学的諸原理から物理学への移行〉の原理」として、このような〈移行〉を可能とする媒介機能を備えているとみなされているのである。さらに、例えば「エーテル演繹」ではエーテルは「経験的対象が現象するための原理」であり、この原理が「経験的直観としての空間そのものを実現している」（21：564. 2–4）とみなされている。つまりエーテルは、「経験的対象が現象するための経験的直観」としての超越論的「空間」を、超越的に「空間そのものを実現する」ことによって超越論的空間と超越的空間とを媒介していることになる。このように『オプス』においては確かにエーテルに媒介機能が委ねられているが、しかし超越論的と超越的という異種的な二つの観点が具体的にどのように媒介されうるのかという根拠の説明を欠いたまま、エーテルはこの二つの観点を媒介し、〈移行〉を可能にする原理であるとみなされているのである。

繰り返すことになるが、ホールが指摘しているように、本来ア・プリオリな認識諸能力に基づく「形式的必然性」とエーテルに基づく「物質的必然性」とは明確に区分されなければならないはずであるが（Hall, 115 参照）、しかし『オプス』では、ロルマンも指摘しているように、「エーテル（世界素材）」は「可能的経験一般の原理」であると同時に「体系的自然探求の原理」ともみなされているのである（Rollmann, 10）。換言すれば、本来超越的な物質的条件である「一つの物質の実在」に基づく「可能的経験一般（一つの経験）の原理」と超越論的な形式的条件である「体系化の原理」とは厳密に峻別されねばならないはずである。つまり、特殊形而上学の「自然科学の形而上学的原理」（エーテル）と一般形而上学の「自然科学の形而上学的諸原理」（ア・プリオリな認識諸能力およびそれらに基づく諸原則）とは厳密に峻別されなければならないはずである。しかしカントは両立しえないこれら二つの原理を『オプス』において、具体的に媒介する根拠を示すことなく、ともにエーテルに託していることになる。

前批判期にこのような問題が生じることはありえない。なぜなら超越論的観点がいまだ確立されていなかったからである。批判期において超越論的観点が確立し、これを経て批判期以降にその成果が超越的観点に適用されているためにこのような難問が生じたのであり、それが「自然科学の形而上学的諸原理（一般形而上学）から物理学（特殊形而上学）への移行」計画であり、その最終的な試みとしてこの「移行」のための「原理」が、つまりエーテルが論じられているのである。ただ、前批判期においてもエーテルが扱われていることは確かであり、明確にエーテルに言及されているのはマギスター論文『火について』（一七五五年）である。島尾によればこの論文はブールハーフェ（ヘルマン、一六六八—一七三八、オランダ）の著書『化学原理』（一七二四）の影響下に著されたもので、『化学原理』では「火の粒子」がこれまで知られている物質の中では「最小のもの」であり、「それはすべてに浸透する」とみなされ、「火（熱）」は活力に満ちたエーテル媒質として理解されている（島尾、一一一—一一二）。これを踏襲してカントは「燃素（熱素）」が「それ［熱素］の混合しているあらゆる物体の諸要素を結合する弾性物質」であり、「その波動運動もしくは振動運動が熱と呼ばれる」（命題Ⅶ、01：376）とみなしている。ちなみにニュートンも『光学』「疑問五」において「光は物体を加熱し、その諸粒子に熱の本性である振動運動をさせることによって物体は作用するのではないか」（『光学』三〇二）と問うている。カントはさらに「命題Ⅷ」において「熱素は……エーテル（すなわち光素）にほかならない。熱素と光素とはまったく同じである」(同 三七八) とみなしている。翌年の『モナド』でも「完全に不可入的」ではあるが、「弾性的」で「圧縮されうる」物体を構成する「諸要素」にかんして、「余談ながら、そのなかにエーテルもしくは燃素を挙げてもよい」と付言されている (MP. 487 参照)。『神の存在の唯一可能な証明根拠』(一七六三) でも、「熱によって物体が膨張する事態と、光、電気力、雷、おそらくは磁気もまた、空気のあらゆるところに拡張されている唯一同一の作用する物質、つまりエーテルの多様な現象」である (02 : 113) と言及されている。これらのエーテル概念には当然カテゴリーは適用されておらず、『オプス』で生じている難問はここでは起こりえない。『オプス』に戻って空間充満以外のエーテルの特性についてもう少し検討することにしよう。

これまでエーテルが知覚しえないものである点が繰り返し述べられ、感性的に知覚しえない「熱素」が「理性概念」であり、「ア・プリオリに理性によって与えられる」(21 : 216.5) と、ライプニッツのような見解も示されている。ただ理性概念であるにもかかわらず、エーテルはたんに統制的原理にとどまってはおらず、「経験の可能性の原理」(21 : 225.25)、換言すれば経験の構成的原理とさえみなされているのである。さらに、エーテルという「要素的素材」は引力／斥力とともに「時間と空間における運動諸力のあらゆる可能的知覚の基盤」であり (21 : 225. 12–14)、「熱素」は「空間を感性化する」(21 : 228.25) にもかかわらず、これらの要素的素材はそれ自体理性概念であるともみなされているのである。エーテルが「理性的概念」とみなされているのはおそらく超越論的観点からであろう。

カントは引力／斥力だけではなく、エーテルにかんしてもニュートンの影響下にあるとみなすことができるであろう。しかし引力／斥力の作用がニュートンの場合と異なっているように、エーテルにかんしてもニュートンのそれとは異なっている。つまり、ニュートンのエーテル仮説が「現象界」に制限されているのに対し、カントのエーテルは、この節で考察したように「移行計画」と密接にかかわっており、異なる二つの原理を移行させ、統制的原理と構成的原理とを備えて「理性」と「感性」とを媒介し、さらには英知界と現象界とを媒介してこれらの移行を可能とする機能を担っているのである。カントはいくつかの「移行」を計画しているのであるが、それらがどのような計画なのかを、これまでの諸解釈を含め、次章以下で整理可能な範囲で考察することにする。

第五章　これまでの「移行計画」についての諸解釈と実践領域における移行

1　移行についての諸解釈

哲学体系にかんする「裂け目」とそれを解消するための「移行」について言及している二通の手紙がよく知られている。一通はガルヴェ宛一七九八年九月二一日付の手紙であり、「私が現在取り組んでいる課題は〈自然科学の形而上学的諸原理から物理学への移行〉にかんするものです……これを解決しないと批判哲学の体系中に裂け目が生じてしまうことになるでしょう」（12：257）というものである。もう一通はキーゼヴェッター宛一七八九年一〇月一九日付の手紙であり、「この余力によって批判の仕事を終わらせ、まだ残っている裂け目を満たそうと考えているのです。つまり体系上欠かすことのできない自然哲学固有の一部門である〈自然科学の形而上学的諸原理から物理学への移行〉を仕上げることです」(12：257–258)というものである。しかしこれらの手紙では裂け目の具体的内容が告げられていないために、これについて多くの解釈がなされてきた。ホールはこれらの解釈のいくつかを要約しているので、それに依拠しそれらの要点だけを簡潔に紹介することにする(Hall, 13–23参照。Förster, chapter1：1–23も参照)。

解釈(一)：『原理』と経験物理学との間で裂け目が生じ、これを橋渡しするために「移行」が計画されたという観点であり、H・ホッペとD・エムンドがあげられている(Hoppe, 2004：Emund, ホッペの著作の内容にかんしてはホールによる)。ホッペは経験物理学における「経験的諸力」を体系として整備することによって『原理』における純粋自然科学と経験物理学との移行が可能となるとみなし、『オプス』においてこの橋渡しが試みられていると解釈している(Hoppe, 62)。エムンドは『原理』「総注」で扱われている「密度」についての説明が循環論法に陥っているために裂け目が生じているとみなしている。つまりカントは一方で物質の引力の強度は密度に依存していなければならないと説明しているが、しかし他方では逆に密度は引力の結果でなければならないとも説明し、明らかに循環的説明を行っていることになる(Emund, 35)。『オプス』ではエーテルがこの循環を解消するとみなされ、循環を解消するために移行が計画されたと解釈している(Emund, 153–158：Hall, 15–26参照)。これらの解釈では英知界と現象界との関係が考察されておらず、私の解釈とは異なっている。

解釈(二)：批判哲学の裂け目が「第三批判」との関係で生じ、それを解消するために移行が計画されたという観点であり、V・マチューとM・フリードマンが挙げられている（Mathiou, 1989 : Friedmann, 1992. マチューの著作の内容にかんしてはホールによる）。マチューは物理学と物理学の形而上学的原理との間に裂け目が生じ、媒概念を介して両者の移行が可能となるが、この媒概念は「第三批判」において最初に企てられたと解釈している（Mathiou, 39-41）。しかし「第三批判」においてこの媒概念は主観的にのみ必然的であるとみなされ（KU. 05 : 179-181 参照）、客観的で必然的な媒概念を導入する必要があり、そのために『オプス』が企てられたとみなしている。そして『オプス』ではこの媒概念をエーテルとみなし、エーテルに基づいて移行が計画されたと解釈されている（Mathiou, 119）。フリードマンは『原理』が規定的判断力に依拠しているのに対し、「第三批判」は反省的判断力に依拠しており、この二種類の判断力によって方法論上の相違が生じ、そのために裂け目が生じたのであるが、（Friedmann, 254-256）、この裂け目は移行計画に関連していないと解釈している。私はマチューのように移行にかんする媒概念が「第三批判」において最初に企てられたとも、またフリードマンのように『原理』と「第三批判」との間の裂け目が移行計画に関連していないとも解釈していない。

解釈（三）:『原理』は批判哲学を完全なものにするために著されたが、『原理』そのもののうちに裂け目が生じているとみなす観点であり、B・トゥーシュリングとE・フェルスターが挙げられている（Tuschling, 1971 : Förster, 2000. トゥーシュリングの著作の内容にかんしてはホールによる）。トゥーシュリングは『原理』「第二章　動力学」における引力と斥力の説明が不合理な論証に基づいているために失敗したが、この失敗は「第一批判」に内在しており、そのために「ア・プリオリな認識についての批判的理論」に裂け目が生じているとみなしている。この裂け目を埋めるために『オプス』でエーテルが導入され、移行が計画されたと解釈されている（Tuschling, 75, 100, 176–178）。フェルスターは図式にかんして「内的時間規定」と「外的時間規定」との間で裂け目が生じ、「第一批判」における内的時間規定の主観性に対して客観性を付与するために『原理』において外的時間規定が導入され、これによって裂け目を埋める計画が企てられたとみなしている。しかしこの問題は移行計画とは関係せず、裂け目とは別に「第三批判」公刊時に移行計画が生じていると解釈されている（Förster, 59）。この二人の解釈では「超越論的観点」と「超越的観点」とが明確に区分されておらず、私は彼らの解釈に同意しかねる。

最後に解釈（四）としてホール自身の解釈を挙げておく。ホールは裂け目が「第一批判」の、特に「経験の諸類推」における実体と諸実体の間に潜在しており、この潜在が『オプス』の移行計画においてさらに裂け目を拡張させたと解釈している（Hall, 22, 207–208）。私は「実体／諸実体」における超越論的観点と「エーテル」における超越的観点とは明確に区分されねばならないとみなしており、解釈（三）と同じ理由でこの解釈に同意しかねる。

私の解釈では「五つの裂け目」が存在する。つまり、（一）理論的領域における英知界と現象界の間の裂け目、（二）実践的領域における英知界と現象界の間の裂け目、（三）理論的領域と実践的領域の間の裂け目、(四) 無機的自然と有機的生命体との間の裂け目、(五) カントが最も重視しなければならなかったと考えられる超越論的領域と超越的領域の間の、換言すれば「自然科学の形而上学的諸原理」と「〈自然科学の形而上学的諸原理から物理学への移行〉の原理」との間の裂け目が存在し、これについては第八章で改めて扱うことにするが、これらの裂け目はすべて移行を必要としているとみなすことができる。先のカントの二通の手紙においてこのいずれが、あるいはすべてが念頭におかれているのかは不明だが、順次これらの裂け目とそれに呼応した移行計画を考察することにする。ただし、カントが中心的に論じている (一) についてはこれまで詳細に扱ってきたので、ここでは次のように簡潔に要約するにとどめる。

つまり、「裂け目」と「移行」についてカントが中心的に論じているのは「自然学」にかんしてであり、理論的領域の問題である。ホールが適確に指摘しているように、この領域における裂け目と移行の起源はプラトンであり (Hall, 17)、イデア界と感性界の間の問題である。この問題はカントにおいて両世界とかかわりうる動力学的問題であり、『オプス』における動力学的エーテルの媒介機能が問題解消のための鍵となっている。要するに、ここでは経験をア・プリオリに体系として基礎づけることが最大の課題であり、そのためには経験的自然全体を形而上学的に基礎づけて体系化する必要がある。『オプス』「移行1―14」で企てられていたのはそのための「ア・プリオリな形而上学的原理」としてエーテルを位置づけることである。以上の点を踏まえたうえで、(二) 実践領域における裂け目と移行の問題から順次考察することにしよう。

2　実践領域における移行計画

ソーンダイクはカントの実践領域における「裂け目」と「移行」について詳細な分析を行っている（Thorndike, 2018）。ここではこれに依拠しながらこの分析を検討することにする。『人倫の形而上学』「徳論」第四五節（MS. 468-469）では明確に理論的領域とパラレルに実践的領域における移行問題が提起されている。つまり、（一）「ただ一つの義務づけ、すなわち徳の義務づけ」から（二）「多くの種類の倫理的義務づけの仕方」への移行が提起され（同 469）、ソーンダイクはこれを（一）「ア・プリオリな自律」という「行為の内的規定」から（二）「ア・ポステリオリな格率」に基づく「行為の外的規定」（この規定は法律上の強制である「行為の外的規定」とは根本的に区分される。菊地、二〇一五「第四章1」参照）への移行が、つまり、（一）英知的領域から（二）感性的領域への移行が企てられ（Thorndike, xi）、換言すれば（一）「純粋な原理」を（二）「経験的諸行為」に適用することが、（一）の原理を図式化することによって企てられているとみなしている（MS. 468-469 参照）。ただし実践的移行は理論的領域におけるほど詳細に考察されてはいない。

ここでのカントの方法は経験的な特殊諸法則をそのア・プリオリな基盤にまで遡及することによっ

て前者を必然的なものとみなすことである。このように特殊に基づいて普遍を見出すことは反省的判断力によってのみ可能であるが（KU. 179, IV）、ここでの反省的判断力は図式を介して特殊を普遍のもとに包摂し、それによって実践的移行を「一つの体系」として統一することになる（同 xi–xiii 参照）。このように、『オプス』「八つ折り版」と同時期に著されたと思われる「徳論」では『オプス』における自然哲学にかんする移行計画と並行して実践的領域における移行計画が構想されている。要するに、「ア・プリオリな道徳哲学」と「ア・ポステリオリな倫理学」とが図式を介して結びつけられることになり、換言すれば、義務にかんする「純粋部門」と「経験的部門」とが媒介されることになるが（MS. 448 以下参照）、第四五節ではこのことが「義務の普遍的法則」（自律）という「形式的条件」と、「身分、年齢、性別、健康や貧富の状態などの相違」に呼応した「特殊法則」としての「諸義務」との媒介とみなされている（同 469）。このように道徳哲学と倫理学、純粋部門と経験的部門とを橋渡し、移行を可能にする実践的図式の媒介機能をカントはどのようなものと想定しているのであろうか？

ソーンダイクが指摘しているのはカントが「第二批判」における「道徳法則に対する尊敬の感情」をこの図式的媒介機能とみなしているということである（Thorndike, 25 f. 参照）。なぜなら、この感情はア・プリオリな英知的「道徳法則」とア・ポステリオリな感性的「感情」という異種的な二領域を媒介しているからである。カントはこの感情を自由意志が自ら道徳法則に従う「動機」とみなしており（KpV. 73 参照）、この感情は「実践理性によってのみ産出される……特殊な感情」（同 92）であり、「ヌーメナルな法則」と「フェノメナルな動機」とを橋渡ししているのである（同 76 参照）。

「徳論」ではさらに四種の道徳感情が考察されている。a道徳感情、b良心、c隣人愛、d自己自身に対する義務（自己尊重）がそれである（MS.「徳論への序論」XII, 399–403）。これらの感情は「調停的諸概念」であり、道徳的に美しいものとして媒介機能を担っている。「第三批判」においても「美」が「人倫性の象徴」であり「美しいものは善いものの象徴である」とみなされ、経験的領域と英知的領域とを媒介する機能を担っていることに言及されている。つまり、美は一方で自然や芸術作品という「経験的対象」とかかわり、他方では経験を超える英知的な「善いもの」や「人倫性」の象徴ともみなされているのである（KU. 05：351–353 および第六章第二節参照）。カントはここで「図式」と「象徴」とを区分している。前者が「超越論的時間規定」であることについてはすでに触れたが（第一章第一節）、後者は「たんなる類比に従った表象」とみなされている。ただいずれも媒介機能を担っていることは確かであり、この点では双方ともに調停的である（同参照）。「徳論」における四種の道徳感情もまた「道徳的に美しいもの」として媒介機能を担っているが、これらの感情は、感情である限りにおいて「主観的なもの」である（同 482）。そしてすべての人間はこれらの感情を所有しているとみなされ、したがって「これらを持たねばならないという拘束性は存在しない」し、それらを所有するための「義務もありえない」（MS. 399）。ソーンダイクはこれらの感情が「第二批判」における「自由のカテゴリー表」に基づいているとみなしているが（Thorndike, 202 参照）、カント自身の説明は不十分で「ためらいがある」（同 230–234）ともみなしている。いずれにせよこの四種の感情は「義務概念に対する感受性の主観的条件」（MS. 399）であり、義務については（一）「他者への義務」（同 448 以下）と（二）他者たちへの諸義務」（同 462 以下）が扱われ、（一）は義務の普遍性であり、ここから義務の変容として派生するのが（二）である。ソーンダイクによればこの区分はバウムガルテン『倫理学』に依拠しており、バウムガルテンはヴォルフに依拠しているということである（同 38）。カントはここでも（一）から（二）への移行を企てているが、それは「自然にかんする移行と……類似したものが正当に道徳の形而上学から要求される」（MS. 468–469）からである。

　このような義務論の基盤となっているのが「自律」という形而上学的最高原理であり、自律の原理となっているのが道徳法則にほかならない。そしてこの法則が経験的な人間の諸格率に対してさまざまな仕方で適用されることになるが、「自律」を構成しているのが「自由」である。要するに「自由の法則」としての「道徳法則」に対する「尊敬の感情」は自律を意識させることになり、この意識は「純粋理性の唯一の事実」（KpV. 31）として「理性の声」（同 35）を個々人に聞き取らせる。個々人はこの声を動因として、自ら自分自身の自由に基づいてこの声を受け入れ、これによって自律が構成され、自律に基づく個々人の道徳的諸行為が生じることになる。このようにして「自由の因果性」は自由と自律に基づく「道徳法則に対する尊敬の感情」という図式的媒介機能によって「実践的移行」を遂行しうることになる。要するに自然哲学における因果性と実践哲学における因果性とは、また「諸認識の体系的統一」と「諸義務の体系的統一」も平行関係であり、いずれも「形而上学的第一原理」を、つまり前者はア・プリオリな認識諸原理を、後者はア・プリオリな実践的理性原理を必要としているのである（A841/B877 および MS. 375 参照）。

「ことごとく経験的根源を持つ快不快、欲求、傾向性等々の概念」は「義務の概念において克服されるべき障害」（B29）として多様であるが、この多様に応じて徳も多様である。そして「純粋な義務の原理を経験の事例に適用するに際して、この義務の原理をいわば図式化し、道徳的＝実践的な使用が可能になるように整えておくことが、正当に要求され」（MS. 468）、このような図式的媒介機能が徳の多様に適用されることになるのである。またきわめて多様なこれらの経験的諸事例に対応する徳の諸義務が「倫理的諸法則」であり、これらの法則は行為そのものを規定するためにではなく、諸行為の諸格律を規定するためだけに与えられた「広い義務」に属している（同 388 参照）。この「広い義務」が目的としているのは「自分自身の完成」と「他者たちの幸福」であり（同 391–394 参照）、これら二つの目的を媒介するためにも図式的機能を必要とすることになるが、この機能もまた「道徳法則に対する尊敬の感情」にほかならない。

つまり、カントにとって義務についての例外が存在しえないのは（同 390 参照）、義務の唯一の根拠は自律であり、自律に基づいてのみ「人間存在の普遍的同一性」（いわばイデアとしての人格）の義務と、ここから派生する「さまざまな行為者の各々の同一性」（イデアの反映としての諸行為者）の諸義務が生じることになり（Thorndike, 157 参照）、これによってのみ義務が体系づけられるからである。したがってここには二律背反は存在せず、例外を許容する余地は存在しないのであるが、義務を体系的に秩序づけるためには「普遍的同一性」から「派生的な諸々の同一性」へと移行するための媒介機能として、「尊敬の感情」を必要とするのである（MS. 468）。以上のようにカントは実践的領域における移行を想定しているのであるが、理論的領域と実践的領域との間の移行はどのように遂行されるのであろうか？

第六章　「第三批判」における移行問題（Ⅰ）

「第三批判」の全体的構成にかんして、第一部と第二部との関連は難問の一つとみなしうるだろう。そこでまず構成全体を考察し、それに続いて「美」と「崇高」および「目的論」における移行問題を考察することにする。

1　「第三批判」の構成と『美と崇高』
――プラトン『饗宴』を手掛かりに――

「第三批判」は二部構成であり、「第一部　美的判断力の批判」では「美しいものの分析論」と「崇高なものの分析論」が扱われ、「第二部　目的論的判断力の批判」では「自然の目的論」と「道徳の目的論」が扱われている。そして「美」と「自然の目的」、「崇高」と「道徳の目的」とは各々呼応関係にあるとみなしうる。第一部で論じられている「美と崇高」というテーマは前批判期のエッセー

『美と崇高の感情にかんする観察』（一七六四）において最初に扱われており、そこでまず両著作における美と崇高の論点を比較してみることにする。

『美と崇高』では美が感性的な「女性原理」、崇高が悟性的な「男性原理」と位置づけられ、この二つの原理は異種的であるようにみえるが、カントは前者に「養子の徳」（GSE 219）を認めることによって前者を悟性化し、後者に「道徳的感情」（同）を認めることによって後者を感性化している。つまり「養子の徳」と「道徳的感情」という媒介によって美と崇高は結びつけられていることになる。ただ前批判期の段階では「養子」と「徳」および「道徳」と「感情」とが具体的にどのように媒介されているのかは不明瞭である。そしてこの二六年後に「第三批判」において再び美と崇高が扱われることになるのである。「第三批判」では美が「趣味判断」の対象として、崇高が「道徳的感情を喚起する感情」として扱われることになる。『美と崇高』が当時人気のあった軽いタッチのエッセーであるのに対し、「第三批判」はカント哲学体系の中心的著作の一つであり、両著作における美と崇高の扱いには大きな相違があるようにみえる。ただ『美と崇高』では女性原理が「自然」と、男性原理が「道徳」と関係づけられ、「第三批判」においても美は自然と、崇高は道徳と関連して論じられているので、両著作の平行関係を推測しうる可能性は十分にある。しかし両著作において根本的に異なっていると思えるのは「第三批判」第二部において一見美と崇高に直接かかわっているとは思われない「目的論」が自然と道徳に結びつけられて論じられている点であり、また『美と崇高』の段階では美が哲学的考察の対象とみなされていなかったのに対し、「第三批判」では哲学的考察の対象とみなされている点である。つまり、少なくとも「第一批判」の段階までは趣味についての「ア・プリオリな原理」は見いだされず、あらゆる趣味判断は経験的判断にすぎないとみなされ、ア・プリオリな法則には役立たないという観点からバウムガルテンが批判されている（A21/B35、原注）。これに対し一七八九年のラインホルト宛の手紙（一二月二八—三一日付）では「趣味についてのア・プリオリな原理の発見」が告げられ、これによって趣味判断が「超越論哲学の考察の対象」とみなされているのである。カントにとって、あらゆる真の知は真実在の世界である英知界（イデア界）にア・プリオリに存在しているとすれば、英知界においてア・プリオリな原理を発見しうるものだけが哲学の考察対象になりうることになる。ただ残念ながらカントがこの「発見」をどのように見出しえたのかは明らかではない。しかし「第三批判」と『美と崇高』とを照らし合わせ、両著作を比較して考察してみると、「第三批判」の構成全体は哲学史的に「プラトンの恋愛論」ときわめて類似した構成を示している。

つまりプラトンの『饗宴』では人間が忘却の彼方よりももっと古い過去にイデア界の住民であり、「その当時は男女両性の結合したもの」として「形の上でも名前の上でも一つ」であり、「それぞれの人間の形は完全なものとして球状」で、「男女《おめ》と呼ばれていた」（ただしプラトンは同性カップルも認めている）。しかしこのような人間たちは「神に反逆」したために「真二つに断ち切られて」地上へと追放されてしまったために、人々は地上においてイデア界では一つであった「それぞれの半分」に美しさを見出し、恋いこがれ、恋愛するようになったのである（『饗宴』、38-39［189d-191e］参照）。この場合恋愛へと導くこの「美しさ」はいわばイデア界からの合図であり、「正しい恋の道を進むこと」によって、半分となった人間たちは感性的な美から次第に離れ、「地上の美しいものどもから出発して……一つの身体から二つの身体へ、二つの身体からすべての美しい身体へ登っていき、最後に……遂に美であるものそのものを認識する」（同82［211b］）ことになる。そしてこの認識によって「真実の徳を生むことに成功する」（同83［212a］）にいたるのである。プラトンのこの恋愛論を「第三批判」全体の構成と比較してみよう。

感性的な現象界（地上）において（半分となった）人間は美しいものにあこがれて「趣味判断」を行うが、判断を行った結果として「美」という感性的感情を超えて「崇高の感情」を抱くことになる。つまり、地上での「美しいもの」は「究極目的」からの合図であり、この合図に導かれて感性的な美しさから次第に離れ、「崇高」へと上昇していくことになるのである。崇高の感情は理性的感情であり、「第二部」においてはこの理性的感情はさらに上昇し、「自然の目的」（恋愛）を包摂して「道徳的目的」を見出すことになる。そして遂には人類すべての目的である「究極目的」（イデア的な自体的存在の国、美自体が存する真実の徳の国）へと達することになる。このような上昇運動において、現象界で趣味判断される美は究極目的と直接かかわってはいないが、しかしこの目的からの合図としてこの目的と間接的にかかわっており、崇高の感情を媒介として現象界から英知界へと移行することになる。さらに『美と崇高』と『饗宴』の構想をこれに重ね合わせてみると、女性原理である「美」と男性原理である「崇高」は「養子の徳」および「道徳的感情」を媒介として男女それぞれ一つずつの身体であった二つの身体が一体化され、ついにはすべての美しい身体へと一体化されて人類すべての目的である究極目的に達することになる。したがって美はいわばイデア界からの「合図」として間接的に「ア・プリオリな原理」のもとにあり、哲学的考察の対象として地上からイデア界への、現象界から英知界への移行を担うことになるのである。

以上のように解釈してみると、カントは第一部においてプラトンの恋愛論に着想をえて感性界における美の判断と崇高の感情を展開し、第二部ではそれを巧妙にアリストテレス的目的論に象嵌することによってア・プリオリな原理として美を位置づけていると思えるのである。そしてこのような「第三批判」全体の構成は感性論（主観的な美の享受）から悟性論（カテゴリーを適用した趣味判断）へ、さらに理性論（崇高の感情を媒介とした目的論）へと上昇し、最終的に究極目的へと達することになり、理論的領域と実践的領域との並行関係を示している。さらに第二部では自然の領域（自然目的）とともにそれを包摂する道徳の領域（道徳目的）が扱われ、また理論的領域における機械論的な力学的自然を超える有機的な動力学的自然が、各々前者から後者への移行として論じられているのである。そしてこの移行を可能にしているのは「反省的判断力の合目的性の原理」による媒介機能であるが、これらの問題を確認するために以下詳しく美の問題から考察することにする。

2　美についての「四つの契機」と「演繹」

美の判断における美の判定は具体的に芸術作品や自然と経験的に接し、それらが感性的に受容されることによって喚起される構想力の自由なイメージが悟性法則一般とたわむれて可能となる。カントはこの状態を構想力と悟性の「自由なたわむれ」（KU. 217）と称している。したがって趣味判断においては作品や自然についての個別的な美（特殊）が悟性法則一般（普遍）のもとに包摂されて、反省的判断力に基づいて個別的な美が普遍性を持つかどうかが判定されるのである。つまり、「美」は感性と悟性とが構想力を介して自由にたわむれながら調和した状態にあり、この調和状態が「普遍的な美」として「万人の賛同を要求しうる」のかどうかが判定されることになるのである。したがってこの判断では感性、構想力および悟性という認識諸能力が用いられてはいるが、認識判断のように客観的な現象についてではなく、美という主観的な仮象についての判断が行われているのである（同05：203-204参照）。

美は「付随美」と「自由美」とに区分され（同）、付随美は人間が創造する人工美（芸術美）であり、ここでは対象の「美しい表象」が問題となる（同311）。「美しい表象」とは技術を用いて美的対象を創造する芸術家による「天才」の表象であり、この表象においては「完成した作品」という結果（目的）が前提とされている。カントはこのような結果を「概念」と表現している（同229）。つまり「そのものが何であるかについての概念が、まず始めに根底におかれなければならない」のであり、要するに芸術家は完成作品という結果を目的として、制作以前に「まず初めに根底において」表象しておく必要があることになる。これに対し自由美は「自然美」であり、「美しいもの」を意味し、付随美のように目的の概念を必要としない。なぜなら、自由美は「完成」という概念をイメージすることなく「自由な……たんなる形式がそれだけで満足を与える美」だからである（同）。また自然美は「人倫的感情を開花してきたすべての人間の純化された根本的な考え方と合致する」（同）ゆえに、あるいは「自然美に対する直接的関心を持つことは……常に善い魂の一つの特徴を示している」（同298）ゆえに、芸術美よりも優っているとみなされている。したがって芸術美ではなく自然美が趣味判断の対象になっていることが理解される。この場合問題なのはなぜ「たんなる形式がそれだけで満足を与える」のかということと、なぜ自然美が「人倫的感情や善い魂とかかわりうる」のかという点にある。先に「第三批判」において「美は人倫性の象徴である」ことが示されたが、趣味判断においては美のこのような象徴が妥当するのはなぜ「芸術美」ではなく「自然美」なのかが問題となるのである。この問題は「趣味判断の四つの契機」という第一部の核心部分を考察することによって、また先のプラトン『饗宴』を念頭に置くことによって明らかとなる。そこで「趣味判断の諸契機」について考察することにするが、まず趣味判断の前提を示しておく。

「美しいもの」は「満足感」を伴う「快」の感情を与えることになるが、それを判定する能力が「趣味」である（同203、原注参照）。趣味についての判断は「常にどこまでも客観についての単称判断」であり、したがって「たんに主観的妥当性を持つ」私の判断にすぎない。それゆえ「美の学」も「美しい学」も存在しえないことになる（同304）。それにもかかわらず趣味判断が「あたかも認識根拠に基づいて、証明によって必然的に確立されうる客観的判断であるかのように」判定されうるとすれば、趣味判断は「すべての主観に同意を要求する」ことができるとみなされている（同285）。つまり、この主観的判断が認識に妥当性を与える「認識根拠」、つまり諸カテゴリーに基づいて判定されるなら、この判断は万人の同意を要求することができ、すべての人がこの判断の対象を私と同様「美しい」と判定しうることを要求しうるのである。カントはこのような前提に基づいて、趣味判断をカテゴリーに則して「四つの契機」として扱うわけであるが、ここでの基本は「質」である。認識判断の場合には主語概念である現象の「量」の規定（外延量と内包量）が基本となるが、趣味判断で基本となるのは主語概念が「美しいか否か」という「質」の規定だからであり、したがって「質の契機」が最初に位置づけられている。「第一の契機」から考察することにしよう。

「第一の契機」は美しいという質の問題であり、その結論は「趣味とは一切の関心にかかわりなく、満足あるいは不満足によって、ある対象あるいはその対象の表象の仕方を判定する能力である。このような満足の対象が美しいと呼ばれる」（同211）、というものである。この結論から理解しうるのは美が「関心なき満足」に基づく仮象であるということである。カントは「満足感」を三つに区分している。（一）「快適」に伴う満足感、（二）「善」に伴う満足感、（三）「美」に伴う満足感、この三つである。（一）は個々人、時代、地域等々によって千差万別な、感覚的刺激に呼応した経験的満足感であり、例えば何らかの道具の使い心地、色彩や形等々の好みに基づく満足感である。（二）は道徳法則に適った格率に従って行為する場合の満足感である。そしてこれら二つの満足感はいずれも「関心」にかかわっているとみなすことができる。

「関心 Inter-esse」とはラテン語で「存在するもの（esse）―の間（inter）」を意味し、「存在している諸物の間で、これら諸物にかかわっている状態」というほどの意味である。（一）と（二）はこのような状態における満足感である。「茶道」を例として説明すれば、例えば「茶碗」がお茶を飲むための道具とみなされる場合、道具である限り実際の使用が前提され、使い心地や便利さ、色調や形の好み等々その満足感は千差万別であり、（一）に属している。また茶道は「道」であり、道である限り一定のルール（法則）に適う所作（行為）が要求される。法則に従う格率に従って人々の間で行為する場合に満足感がえられ、この満足感は（二）に属している。さらに（三）の場合を考えてみれば、茶碗は道具としてではなく芸術作品として美的享受の対象となる。この場合例えば「侘《わ》び―寂《さ》び」という仮象は（一）とは異なる「一定の普遍性」をもって享受される。つまり、「詫び―寂び」は「感性」によって経験される茶碗が、その大きさ、色彩や形態等々にかんして「悟性」によってカテゴライズされ、それがさらに「構想力」による自由なイメージとともに「たわむれながら調和」している仮象とみなしうる。ここでは感性によって受容されたものが悟性によってカテゴライズされているゆえに「一定の普遍性」を有しているのであるが、それが「構想力」の自由なイメージを伴って享受されているゆえに客観的現象としてではなく主観的仮象として表象されることになる。また「詫び―寂び」は（二）とは異なり、「厳密な法則」に従っているわけではなく、「自由なイメージ」に基づいており、（三）に属しているとみなすことができる。（一）と（二）の場合には具体的に存在しているさまざまな茶碗や人間という「諸現象」の間で生じる満足感であるが、（三）の場合の満足感は「仮象」に基づいている。要するに（一）と（二）は「関心」に基づく満足感であるのに対し、（三）は「関心なき満足感」に基づいており、カントはこのような判断を趣味判断に類似している判断とみなしているように思える。「類似している」というのはこの場合茶碗の美は、確かに仮象ではあるが、しかし「芸術美」であって「自由美」ではないからである。つまり、この美は現象界において現実に存在している茶碗の表象との関係から生じている仮象であり、したがって「作品として完成した茶碗」という「概念」を伴っており、完全に「無関心」とはいえないからである。完全に無関心な状態はおそらく現象界を超越した、現実に存在しているものの表象の彼方の領域とかかわっていることになろう。カントが自由美を芸術美よりも優れているとみなしている根拠もここに見出すことができる。というのも、自然美を自由美と称しているのは自然の中に自由を、つまり「自由の法則」（道徳法則）を見出しており、これを根拠として自由美を芸術美よりも優れているとみなしているからである。「第一の契機」の結論は以上の観点を示唆しているとみなしうるだろう。

「第二の契機」は普遍的、つまりすべての人に満足を与えうるかどうかという量の問題であり、その結論は「美は、概念なしで普遍的に満足を与える」（同219）というものである。ここでまず問題となるのは「概念なしで」という文言である。「概念なしで」とは自由美が芸術美のように作品の完成という結果を目指すものではないという意味である。なぜなら、先に言及したように、カントは作品の完成という「結果」を「概念」と称しているからである。次に問題となるのは「普遍的に」であるが、美の判定において主語概念は曖昧である。なぜなら、この判断の主体は「私」であると同時に「すべての人」でもあるからである。そしてすべての人の同意を要求する限りにおいて「普遍的」なのである。ただし、「私」の判断にすぎないものがなぜ「すべての人」の満足感をも要求しうるのかは、次の「第三の契機」および「趣味判断の演繹」において明らかとなる。

「第三の契機」は趣味判断の最も重要な契機であり、自然美と究極目的との因果関係という関係の問題であり、その結論は「美は、ある対象の合目的性が目的の表象を持たずに対象について知覚される限り、この対象の合目的性の形式である」（同236）というものである。この結論に違和感を覚えるのは、ここで唐突に「目的」や「合目的性」という概念が用いられているためである。しかしこれらの概念は第二部において頻繁に使用されている中心的概念である。つまり、「第三の契機」では第二部の展開が念頭に置かれているとみなす必要がある。第二部については次章第一節で詳論することになるが、その概要を簡潔にここで示しておく必要があるだろう。

第二部において全自然は一つの有機体としての「自然目的」とみなされ、この自然目的は「道徳目的」のもとに包摂され、これによって人類は「究極目的」（最高善）に達することになる。つまり、第一部「第三の契機」において示唆されているのは個々の自然美に「合目的的形式」が内在しており、この形式を媒介として自然美が自然目的のもとに包摂されるということである。そして第二部では自然目的が「ア・プリオリな合目的性の原理」を媒介として人類のための「道徳目的」のもとに包摂され、「道徳目的」は最終的に「究極目的」に到達することになる。そしてこの場合「合目的的形式」と「ア・プリオリな合目的性の原理」という媒介機能を担っているのが反省的判断力であり、この機能を介して特殊（自然美）から普遍（究極目的）へと上昇することになる。換言すれば、反省的判断力のア・プリオリな媒介機能によって自然美と究極目的との密接な「因果関係」が示されることになる。先に趣味判断における美の判定は構想力と悟性の「自由なたわむれ」の状態と称されていることに触れたが、この場合の「自由」は、「第三の契機」を念頭におけば、道徳法則つまり自由の法則との密接な関係を背景にしていると考えることができるであろう。構想力と悟性は自由にたわむれながら「究極目的」へと向かっているのである。

カントは特殊としての自然美を樹木や花、あるいは鳥の構造のような有機的生命体のうちに見出している（同 360 参照）。ただわれわれはこのような有機的自然に接して直接「目的」を見出すわけではなく、自然美を介して間接的に目的や合目的的形式とかかわっているのである。プラトンの恋愛論において、美がイデア界からの合図であったように、「自然美」における「合目的的形式」はいわば究極目的からの合図なのである。そして自然美は、次節で扱うことになるが、「崇高」の感情へと高められ、この感情のおかげで第二部において「究極目的」にまで上昇することになる。こうして美は感性界から英知界への移行の可能性を感性界において遂行する重要な役割を担っているのである。したがって自然美は直接「目的の表象を持つ」ことはないが、その「合目的的形式」を通じて間接的に目的の表象と密接にかかわっている仮象なのである。趣味判断が主観的目的も客観的目的も「規定することはできない」（同 221 参照）のは間接的なかかわりのためである。それでも趣味判断における「主観の認識諸能力のたわむれ」にともなう「たんなる合目的性の意識」が「ある内的因果性」（合目的的因果性）を含んでいるのはこのためである（同 222）。

カントは第二部で明確に「自然の美は……人間もそこでは一つの項である体系としての自然全体における自然の客観的合目的性とみなされることができる。これは、自然現象についての目的論的判定が、われわれに有機的自然が示す自然目的によって、自然の諸目的の一大体系という理念を持つ権利をひとたびわれわれに与えた場合のことである」と述べ、さらに注では「本書の美的部門［第一部］

では……自然美がどのような目的のために現存するのかについては……まったく顧慮されていない。しかし目的論的判断〔第二部〕ではわれわれはこの関係も留意する。そしてこの場合には、自然がこのように美しい形態を陳列することによってわれわれに開花を促そうと欲していたことをわれわれは自然の恩恵とみなすことができるのである」（同380、および原注）、と述べている。

最初の引用文では「自然美」と「自然の合目的性」および「有機的自然の目的論」との関係が、そして次の引用文では「第一部美的部門」と「第二部目的論的部門」とが密接に関係していることが示されている。そして美的判断と目的論的判断とのこのような関係が明示されることによって、自然美と道徳目的との関係も示されることになる。つまり、「自然美」を通じて「崇高の感情」が喚起され、この感情は「自然の目的」が「道徳目的」のために存在していることを示している。さらに「道徳目的」が最終的に「究極目的」のために存在していることが示されているのである。このことは自然美が自然目的および道徳目的を通じて「人倫的感情」や「善い魂」とかかわっていることを明示しており、これによって趣味判断の「第一の契機」および「第二の契機」において不明瞭であった問題点が解消されうることになる（「有機的自然」にかんしては次章第二節で扱うことになる）。そして第一部、第二部ともに一貫して「反省的判断力のア・プリオリな合目的性の原理」が作用していることも明らかとなる。「第三批判第一序論」では明確に「自然の諸物についての目的論的判断もまた、美的判断と同様に、反省的（規定的ではなく）判断力に属している」（20：244）と述べられている。カントはさらに

「自然はいたるところで、人間の眼がきわめてまれにしか届かない（しかし、美は人間の眼に対してのみ合目的的である）大洋の底ですら、なぜ惜しみなく美を広くまき散らしたのか」（同279）、と記している。要するに、自然美はいたるところで合目的的に究極目的へと人類が向かっていることを間接的に示しているのである。なぜなら「美は人間の眼に対してのみ合目的的である」からである。自然美は究極目的へと達するための合目的性の形式そのものなのである。

すべての被造物が人類の究極目的のために創造されているとすれば、すべての被造物は基本的に美という合目的性の形式を備えていなければならない。だからこそ自然美は、美が究極目的へと達するための合目的性の形式である限り、「すべての人の賛同を要求しうる」ことになり、満足感を与えうるのである。「第三の契機」はこのような第二部の展開を前提としたうえで美を規定しているとみなすことによってのみ理解しうることになる。そしてここから「第四の契機」、つまり「美は、概念を持たずに必然的な満足感の対象として認められるものである」（同240）が導出されうることになる。要するに「美のイデア」は現実世界における有機的な自然すべてに「美」として動力学的に潜勢しており、それゆえ自然美を通じて感性界から英知界への必然的な移行を可能としているのである。そして数学的に量化されていないゆえに趣味判断には、それが諸カテゴリーに基づいてなされているにもかかわらず、「数学的趣味判断」は存在せず、「動力学的趣味判断」だけが存在しうることになる。

他方「趣味判断の四つの契機」は、それらが諸カテゴリーに基づいている限りにおいて、認識論における「諸カテゴリー」および実践論における「自由の諸カテゴリー」と同様、普遍的に妥当であることを主張しうるために「演繹」を必要とする。ただし演繹は経験的領域における妥当性を正当化するためにのみ必要であり、したがって美についてだけ行われ、経験領域を超える崇高については不必要である（同280参照）。というのも「自然の崇高なもの」は本来的には人間の自然本性が備えている「崇高なもの」に帰せられねばならず、したがって「主観的合目的的に使用される」のであり、自然の崇高なものの判断のうちには「ア・プリオリに合目的的である……演繹」が、つまり「普遍的で必然的な妥当性に対する要求の是認がすでに含まれている」からである（同）。また美は仮象であり現象ではない限りにおいて、その主観的妥当性を正当化する必要があるだけであり、客観的妥当性を正当化する必要がなく、したがって美の演繹は「きわめて容易である」（同290）。つまり、主観的な経験的判断（特殊）が「あらゆる人の賛同を要求する」という判断（普遍）のもとに包摂されうることが普遍的に妥当であると正当化されることだけが必要なのである。カントはこのような普遍的妥当性の根拠を、演繹として、具体的にロビンソン・クルーソーのような体験を例示することによって「共通感覚」に求めている。つまり、「荒涼とした島に一人取り残された人間」は生きることに精一杯で「自分の小屋も自分自身をも飾ることをしない」であろうし、趣味とは無関係な生活を送ることになる。しかし他の人々と共存する社会では、彼は「一人の洗練された人間になろう」とするが、その場合彼は「自分の快を他の人々に伝達する」ようになり、やがて「普遍的伝達を顧慮することをあらゆる人々に期待し要求する」ことになる（同297）。したがって趣味判断は基本的に何らかの「共同体感覚 eine gemeinschaftlicher Sinn」を前提とし、これが普遍的賛同を要求する根拠とみなされている。カントはこれを「共通感覚 sensus communis」（同293）、厳密には「美的共通感覚 sensus communis aestheticus」（同294）とみなしている。したがって趣味判断は他者との共存においてはじめて普遍妥当性を正当化しうる判断であり、ここにこの演繹の核心がある。

以上のように第一部と第二部とは美に内在する「合目的的形式」を通じて密接に関連しており、美のこの形式によって感性的領域における「自然美」から英知的領域における「究極目的」への必然的な移行の可能性が示されているのである。さらに自然美が実践的領域と密接にかかわっていることが「崇高の感情」を通じて示されることになるので、趣味判断のもう一つの主題である崇高と第二部目的論とを考察することにする。

第七章　「第三批判」における移行問題（Ⅱ）

1　崇高と目的論
——理論的領域から実践的領域への移行——

崇高も反省的判断力に基づいて判定されるが、美の場合と異なり数学的と動力学的とに区分される。というのもここでは数学的な量と動力学的な力が扱われているからである（同244参照）。「数学的崇高」においては「極端に大きいもの」「あらゆる比較を超えて大きい」もの（同248）が、「動力学的崇高」においては「われわれに対して威力を持たない力」とみなされる限りでの「自然の威力」が問題とされている（同260）。そして美の場合と決定的に異なっているのは、崇高の場合、構想力が悟性とではなく理性とかかわっている点である（同244）。つまり構想力は「理性の諸理念と主観的に合致」（同256）することによって、「ある心の調和を生み出している」のであるが、理性理念とかかわるということは二つの点で美との相違を示している。一つは経験を超えるということであり、もう一つは道徳性と直接かかわるということである。ただし美は、すでに趣味判断の「第三の契機」において示唆されているように、「人倫の感情」や「善い魂」とかかわり、「善の象徴」とみなされている（同251）。この点において美は道徳性と直接かかわる崇高と密接に関連していることになる。つまり美は「人倫性の象徴」、「人倫的に善いものの象徴」としても位置づけられているのである（同351）。この点でカントは古代ギリシャの伝統的な「美善同一《カロカガッティア》」を踏襲しているといえるだろう。そしてここにも美の媒介機能が見出されることになる。

崇高は精神の内なる感情であり、理性的感情とみなされている。この感情は数学的崇高におけるあまりに絶大な大きさ（例えば大宇宙）や、動力学的崇高におけるあまりに荒々しい自然の威力（例えば荒れ狂う海洋）に対する感情であるために「不快を介してのみ可能な快」（同260）とみなされている。「絶大な大宇宙」は経験を超える「理念」であり、「荒れ狂う海洋の威力」は道徳性と直接かかわる「最高原因の力」を示している。つまり、カントは『諸学部』において「自然の絶大な力」を「最高原因の力」と言い換えているのである（SF. 07 : 89）。したがって動力学的崇高の感情はわれわれを「ある超感性的な基体」（KU. 255）へと導かざるをえず、カントはここにおいて「神というものが存在する」という命題の成立が必要であるとみなしている。要するに「動力学的崇高」は「動力学的カテゴリー」および「動力学的二律背反」と同様、現象界（海洋）と英知界（最高原因）との密接な因果関係を示しているのである。換言すれば、このように感性界と英知界とを媒介するゆえに、英知界にかかわる崇高の感情は動力学的とみなされているのである。ただしここでの「神の存在」は独断的証明ではなく、われわれの悟性との類似に基づいて、「ある悟性的な根源的存在者が存在する」という命題が、確かにこれを「客観的に立証することはできない」が、しかし「主観的に」のみ立証されるとみなされている（同 399）。このように英知的でア・プリオリな最高原因が前提されることによって、崇高の感情は美を超えてわれわれを道徳的世界へと上昇させることになり、第二部「目的論的判断力の批判」へと継承されることになる。

「目的論 Teleologie」とはギリシャ語のテロス（目的）とロゴス（理）から作られたヴォルフによる造語であり（山本道雄、一八七、訳注1参照）、基本的にアリストテレスに遡及する。少し長くなるがアリストテレス的目的論を概観することにしよう。アリストテレスは『自然学』第二巻八章と九章を中心に自然の目的にかんする有機的目的論を展開している。つまり、「自然」には「素材」としての面と「形態（形相）」としての面があり、形相は「終局目的」にほかならず、この形相としての自然こそが「目的としての原因」とみなされている（Phy. II8. 199a32-34）。このような自然全体は形相としての目的に向かって進展しているという観点から、先行自然学者たち（アナクシマンドロスやエンペドクレス。茶谷、一〇参照）の素材（質料）を基盤とする自然についての機械論的解釈を念頭に置きながら、それとの比較によって目的論的解釈の重要性を次の様に記している。「自然的なものごとにおける「必然的なもの」とは、われわれが「素材」と言っているものおよびそれの運動変化のことであるのは明らかである。自然学者としては、素材としての原因と「何のためか」を示す原因との両方を論じなければならないが、より一層大事なのは後者のほうである。目的こそが素材を素材たらしめる原因であって、素材が目的を目的たらしめる原因ではないからである」（Phy. II9. 200a32-35）。松田はアリストテレスが先行自然学者たちの機械論的解釈を退けて目的論的解釈を採用したのは「自然の持つ合目的性への確信」からであったとみている（松田、一〇二）。要するに、『自然学』では「自然本性は万物にとって秩序の原因」（Phy. VIII1. 252a11-12）であるとみなされ、『動物の諸部分について』では「自然の作品」には「何のためだということが……より一層みられ」、「事物がそのために構成されたり生じてきたりしたところのその目的が美しいものという地位を占めている」（De Part. I5. 645a23-25）とみなされている。これら二つの引用文における「何の」「何かの」の「何」とは「目的」であり、「ため」とは、したがって、目的の「ため」という合目的性を意味している。

具体的にアリストテレスはしばしば「家」や「ノコギリ」を例示しているが、「美しい地位」を考慮してここでは例えば「銅像」を例示することにする。ギリシャの銅像は、とりわけプラトンやアリストテレスが活躍した「クラシック時代」には、端正で均衡のとれた多くの「美しい銅像」が製作されていたが、これらの銅像は青銅から生成されている（Met. VII7. 1033a15-19。松田、八四も参照）。この生成過程は「始動因」によって始まり（同 8. 1033a25-26）、生成の原因は始動因である（茶谷、九二、松田、八四参照）。そしてすべての生成は「あるもの」（質料：青銅）が「あるもの」（始動因）によって「あるもの」（形相：銅像）へと生成することになるが（Met. XII3. 1069b36-1070a2）、この場合始動因とは神、つまり「第一の不動の動者」（目的因）としての「完全現実体《エンテレケイア》」であり、「純粋形相として一切の質料を含まない思惟的実体」である（同 VII7. 1072a24-b30 および VII8. 1074a37 参照。松田、二一〇—二一一も参照）。つまり、アリストテレスの目的論においては終極目的が同時に始動因（原因）なのであり、「終局目的は前提（出発点）でもある」（Phy. II9. 200a24）ことになる。銅像製作の場合、青銅という質料（可能態《デュナミス》）に彫刻家によって形相（現実態《エネルゲイア》）が与えられることになるので、形相は彫刻家の思考のうちにあることになる——建築家の思考のうちにある家の形相が、建築材料である質料に働きかけて具体的な家が作られるように（Met. XI9 参照。松田、一三〇も参照）。

このように考えてみると、（一）「自然本性《ピュシス》」による生成と、（二）「技術《テクネー》」による生成とは異なっていることになる。なぜなら、（一）の生成においては始動因が自然の有機体それ自身に「内在」しているのに対し、（二）の生成においては始動因が彫刻家に内在し、作品それ自身からは「外在」しているからである。それにもかかわらず、アリストテレスは「先行するものが後行するもののために」存在しているという過程そのものは「目的論的構造」を示していると、（一）と（二）との関係を「アナロジー」によって説明し、同様の構造であることを正当化している。

「技術は自然が成し遂げることのできないものごとを完成にもたらすものであるとともに、自然のやり方を模倣するものでもある。とすれば技術によるものごとが何かのためを目指しているとすれば、自然によるものごともまたそうであることは明白である。なぜなら技術によるものごとにおいても、より後の過程にあるものより先の過程にあるものに対する関係の在り方は同様だからである」(Phy. II8. 199a16–19。茶谷、三八—三九も参照)。

このような生成過程は「目的因」(内的原因)に基づく目的論であり、全自然は目的へと向かって展開するとみなされ、それはアリストテレスに先行する自然学者たちや近代的機械論的自然観における「作動因」(外的原因)とは根本的に異なっている。アリストテレス的目的論は混沌とした質料世界を形相(目的)に基づいて最終的に純粋形相(エンテレケイア)へと導くことになる。先の彫刻像の例では目的因は「美」であり、したがってアリストテレスは善とともに美を目的因とみなしており、カントと同様美善同一を踏襲している。芸術家は美を始動因とすると同時に美を目的として美しい銅像を完成させることになる。このようなアリストテレス的目的論を前提にすれば、「第三批判」における美(第一部)と目的論(第二部)とは密接に関連していることになる。ただしアリストテレスがこのような展開の全課程を超越的存在論として構想しているのに対し、カントはこれを主観的に「かのように、als ob」想定するにとどまっている。しかし目的論的構造をカントがアリストテレス的伝統から継承

古代ギリシャ彫刻はもともと青銅《ブロンズ》で制作されたが、ローマ時代にそれらが大理石によって大量に模刻され、現在ではその石膏によるコピーが広く知られている。オリジナルの作品は戦争のために武器等に変えられて、ほとんどが消失している。

「アバタのヴィーナス（通称）」
（石膏デッサン、筆者画、1967 年）
50 × 64

「ヘルメス（部分）」
（石膏デッサン、筆者画、1966 年）
50 × 64

「ボルゲーゼのアレス（部分）」
（石膏デッサン、筆者画、1966 年）
50 × 64

していることは明らかである。先の「第三の契機」を繰り返すことにもなるが、「第二部」の展開についてもう少し詳しく考察することにする。

カントが第二部で論じているのは「自然の目的論」と「道徳の目的論」である。「自然の目的論」では自然全体が扱われているが、それは「第一批判」で問題となっていた機械論的な力学的自然では説明しえない、先のアリストテレス的目的論で示したような、「有機的生命体」としての自然であり、この有機体の「内的目的」が自然の目的論で問題とされている。「内的目的」においては有機体のすべての部分が目的であると同時に手段であり、「盲目的な自然のメカニズム」には帰せられず(KU. 05 : 376)、「自然の諸産物」は「目的と目的因に従ってのみ可能」(同 408) であるとみなされている。この場合、特殊と普遍とを媒介するのは反省的判断力の「ア・プリオリな合目的性の原理」である。つまり、自然の目的においては花や鳥の構造等々の有機的な諸々の自然美(特殊)がその合目的的形式を媒介的原理として全自然の目的(普遍)のもとに包摂される。自然の目的について「植物や動物の解剖にたずさわる学者たち」はそれらの内的形式に「何一つ無駄はない」という格率を「必然的」とみなし、この格率に「何一つ偶然には生じない」という「普遍的自然論と同じ格率」をみている(同 376 強調筆者)。したがって「内的合目的性」という有機的な自然の原理は必然的で普遍的であり、カントはここから「自然の目的」を自然全体へと拡張しているのである。このような自然の目的論は経験的自然のメカニズムを遥かに凌駕しているにもかかわらず、自然諸法則を「ア・プリオリに規定する根拠として役立つべきである」（同377）とみなされ、『哲学における目的論的原理の使用』では自然研究を「理論的な道」と「目的論的な道」とに区分し、「理論がわれわれを見捨てるところでは目的論的原理から出発する権利があり、あるいはむしろその必要がある」（GtP. 08：159）とみなされている。ただし、目的論的原理は「理性によっては決して証明されえない」（KU. 396）ゆえに、客観的な理論的根拠を持つことはないのであるが、それにもかかわらず経験的に観察可能な有機体は自然目的に「はじめて客観的実在性を与え、これによって自然科学に目的論的根拠を与える」（同376）のである。「第一批判」においてもすでに目的論が「機械論における普遍的法則に従う自然統一を完全なものにするのに役立つとみなされているが（B720）、「第三批判」では自然の目的はあたかも「自然法則をア・プリオリに規定する根拠として役立つ」かのようにと、主観的にのみ妥当するとみなされるにとどまっている（KU. 376参照）。そしてこの全自然の目的はその合目的性の原理を媒介として道徳の目的のもとに包摂されることになる。つまり自然の目的は道徳的目的のために存在していることになり、合目的性のこの媒介機能のおかげで人類は究極目的へと導かれることになる。このような第二部の展開を第一部と関連させ、プラトンを援用して簡潔に要約すれば、人類は美を判定する「一人の身体」から崇高の感情を抱く「二人の身体」へ、さらに究極目的である「すべての美しい身体」へと上昇することになる。ただ反省的判断力の合目的性の原理は自然にかんしても自由にかんしても立法的ではなく、たんに主観的に自分自身に対して立法的であるにすぎず、したがって「自己自律」と呼ばれる原理にすぎない（同185。「反省的判断力」について付言しておけば、この概念はすでに「第一批判」において「統制的判断力」として用いられており、「第三批判」ではじめて明確に反省的判断力として使用されている。Förster. 7参照）。

『目的論的原理』では自然目的と道徳目的との関係が簡潔に要約されている。つまり、自然についての客観的実在性が妥当性をうるのは経験領域に限定されるが、しかし自然目的は経験領域を遥かに超えているために「かのように」仮定されるにとどまっている。これに対し道徳目的は「純粋な実践的原理」によってア・プリオリに規定され、「理性の目的をア・プリオリに申し立てている」（GtP. 08 : 182）。したがって「合目的的結合の根源的根拠を完全な仕方で、あらゆる目的に対して十分規定的に申し立てることができる」のは道徳（自由）の目的論以外にはないことになる（同）。そして「純粋な目的論すなわち道徳は、その目的を世界のうちで実現」し、自然のうちで実現するように「使命づけられている」のであり（同182-183）、道徳こそが目的論に客観的実在性を与えることができるのである。こうして道徳目的は自然目的とともに成就され、道徳目的の到達点こそが究極目的（最高善）にほかならない。このような前提に立脚する限り、自然目的を道徳目的のもとに包摂することによってのみ目的論全体に客観性を付与しうることになり、「自然の領域」から「道徳の領域」への移行を、換言すれば「理論的領域」から「実践的領域」への移行を遂行しうることになる。そしてこの移行をなしうるのは「ア・プリオリな合目的性」を原理とする反省的判断力の媒介機能にほかならない。

究極目的は「理性に直接関係する」（同182）。理性にかんする事柄が客観的実在性を持ちうるのは実践的領域だけである。しかし自然の目的論において重要なアポリアが存在している。それが有機体の問題であり、この問題についても考察する必要がある。

2　無機的自然から有機的生命体への移行

カントは無機的物質と有機的生命体との関係について前批判期にはすでに関心を抱いており、『神の現存在の論証の唯一可能な証明根拠』では次のように記されている。

「例えば樹木がどのようにして内的な機械的システムによって、つぼみや種子において同種の樹木の短小形あるいは樹木になりうるものを含んでいるものが生じるように樹液を形成し形づけることができるのか、ということはわれわれのどのような知識によっても全く知りようがない。フォン・ビュフォン氏の内的形式であるとか、フォン・モーペルテュイ氏の説く有機的物質……だとかは……不可解であるか、またはまったく恣意的に考え出されたものである」（02：115）。

ここではカントが早くから両領域の関係を考えていたことが理解されるが、しかしいまだ力学的な無機的自然と動力学的な有機的自然の関係については考慮されていない。カントは後に有機的生命体が動力学的であるとみなすようになるが、動力学的エーテルが有機的生命体とかかわっていることは、先の『オプス』から引用した一節に基づいて知ることができる。つまりエーテルの振動による内的運動が外的運動を生じさせ、生命のない停止状態を防止しているとみなされているのである。そしてエーテルは「有機的物体を形成している運動力」であり、有機的物体は「その各部分でさえ……全体を再生産して」おり、このような全体の統一を生み出す力が……生命」(21 : 210. 21-211.04) とみなされているのである。また「第一批判」において、先に触れたように、カントは「世界」を「すべての現象の数学的全体」と力学的に規定し、「自然」を「動力学的全体として考察されるすべての現象」と動力学的に規定している (B446-447 強調筆者)。したがってカントにとって有機体は動力学的自然にかかわる問題であり、『諸学部』では「自然の絶大な力にとって……自然の最高原因の力にとっては、人間もまたとるに足らないものにすぎない」(SF. 07 : 89) と、人類を遥かに凌駕する全自然について言及されているが、このような自然観が有機的自然にかんするカントの動力学的構想の根底に存しているのである。この点についてさらに踏み込んで考察しているのが「第三批判」と『オプス』である。「第三批判」において有機体は次のように定義されている。「自然の有機的産物とは、そのうちでは、すべてのものが目的であり、相互に手段でもあるようなものであることを意味している。この有機的産物では、何一つ無駄なもの、無目的なものはなく、また盲目的な自然のメカニズムに帰せられない」のであり、「自然の目的であるような目的の概念にはじめて客観的実在性を与える」(05：376)、と。この定義は『オプス』でも再現されているが(21：541. 16–18参照)、「第三批判」ではさらに、有機体が「悟性あるいは理性のどのような構成的原理でもありえないが、しかしながら……反省的判断力のための統制的原理」(05：375)であり、「自然目的」と呼ばれ、「自分自身のうちに形成する力を所有している」(同374)と、有機体が「自然目的」と「反省的判断力」に密接にかかわっていることが強調されている。『オプス』においても「有機化についての分類」は「目的の体系」を示しており、リンネの「外的諸関連である自然の体系」の根底に「有機化の内的体系」とこの体系を目指している「活動原理」が存している(21：567. 20–22)とみなされている。ただしこのことは「われわれの悟性によっては展望されえない」(21：568. 25–27)、つまり客観的認識の対象とはなりえないことがここでも強調されている。そしてここで言及されている「活動原理」がエーテルであることは明瞭である。というのもエーテルこそ内的に運動する力を持ち、それによって有機体を形成するとみなされているからであり(21：184–186参照)、さらにエーテルはアルケーと同一視され、「生命は独特な実体、つまりアルケー……から生じ、有機的諸物体はエーテルのおかげで相互に高度な器官の関係にある」(22：421. 04–06)とみなされているからである。以上の観点においてエーテルは無機的物質だけでなく、有機的物体をも形成する「独特な実体」と想定されており、エーテルによってのみ無機的自然と有機的生命体との裂け目が満たされ、前者から後者への移行が遂行されうることになる。

『オプス』において企てられているのは、「形而上学的諸原理 Anfangsgründe」と「物理学の原理 Princip」とを明確に区分することによって、「自然学 Naturlehre」を完全な体系として基礎づけることである（21：206. 28–29）。この場合「物理学の原理」は、『オプス』以前のような経験的原理としてではなく、ア・プリオリな原理としてのエーテルである。したがって「形而上学的諸原理」と「物理学の原理」はいずれも「ア・プリオリに基礎づけられている」ことになり、この区分には「有機的物体もア・プリオリに含まれている」とみなされている（21：206. 28–207. 03 参照。Rollmann, 41 も参照）。つまり、この区分において有機体は「第三批判」におけるように「合目的的」でも「あたかも……かのように」でもなく、「ア・プリオリな原理に基づくもの」とみなされているのである。また有機体における「物質の生命力と自発性」という原理は「欲求能力」によって一般化される必要があり（21：213. 13–16 参照）、その全体は「動物的領域、植物的領域および諸目的の包括的体系としての人類の領域にいたるまで、有機的なすべての段階」に及び、自然は「カオスから出発し、有機的なものとしての自然の動力学的機構における目的を仕上げている」（21：213. 17–29）のである。自然のさまざまな変革によって初期の種は滅ぼされ、新たな種が生じ、この繰り返しによって自然は「完成」に至るが、このような自然の動力学的機構は「人間理性の限界を完全に凌駕している」（21：214. 01–02）。

ここでは「身体」についても触れられており、「ア・プリオリな概念に従う物理的物体は……有機的かつ無機的」であるが（21：213. 08–10）、われわれの身体は「自分自身で運動する機械」（21：213. 11）

とみなされている。つまり「四肢としてのわれわれ自身の身体諸部分の運動の自発性の原理は機械的本質」であり、「理性は……物質の合目的機構を……普遍的に形成せざるをえず……有機的組織に……無機的物質を提供せざるをえない」（21：212. 01–13）とみなされている。そしてこのように人間の身体を「自分自身で運動する機械」とみなすことによって、カントは他の生命ある自然的諸機械（有機体）とわれわれ人間との類似の可能性を見出しているのである（21：213参照）。しかし、このように一方では身体の「自発的原理」が、他方ではその「機械的本質」が認められており、身体にかんする曖昧な規定がなされている。カント自身も『オプス』においてこのようなアプローチを企てながら、それを何度か疑問視している（21：211、22：24–27他参照）。カントは以上のようにエーテルが無機的領域と有機的領域において作用しているとみなすだけではなく、人間精神に対しても大きな影響力を及ぼしていると考えている。

つまり、『火について』ではベンジャミン・フランクリンに触れ（01：472）、雷という大気中の放電現象に強い関心を示し、雷や地震という気象上の諸現象が空気中の電気と密接に関係し、それがエーテルと不可分の現象ではないかと推測しているのである。『オプス』でも「天体エーテル大気」という草稿が執筆され（22：495. 16–17）、このような電気的エーテル現象がカント自身の「不快感」とも結びつけられている。つまり、フランス革命とほぼ同時期に生じた二つの出来事、一つはコペンハーゲンを中心にヨーロッパで生じた「おびただしい猫の死」、もう一つはカントが苦しめられた不快感という二つの出来事が「電気を帯びた空気の性質」に起因していると憶測され（Fenves, 110–113、独訳166–170参照）、カントは「この空気電気が私の神経系を攻撃する」（21：89.31）と推定している。さらに『諸学部』第三部「睡眠について」でも脳の中で生じている「痙攣性《けいれんせい》のもの」が眠りを妨げていることに触れているが（SF. 07：106）、カントはこの「痙攣性のもの」を電気エーテルに起因していると考え、「結び」では次のように告白している。「そのような病気が私の頭の働きをいわばかく乱し……脳の不随意な痙攣状態を生み出すのである。……いくら努力しても完全に防ぐことはできない、非常につらい思いのする過ちである」（同112–113）。カントは自分を苦しめているこの空気電気の性質が突如生じることを「変革 Revolution」と呼んでいる（Fenves, 139、独訳207参照）。

エルハルト宛手紙（一七九九年一二月二〇付）では「この痙攣についてては、一七九六年から現在まで異常に長期間、広範囲に広がっている空気電気とともに続いておりましたが（猫の死とも結びついておりました）、この大気の状態は結局のところいつか変化するに違いないので、私としては快癒の日を待ち望みます」（12：296）と告げられている。またゼンメリング宛手紙（一八〇〇年八月四日付）でも「この不快感の原因はおそらく四年この方続いている空気電気以外のいかなるものでもないと思います」（12：296）と告げられている。つまりエーテルは大気中の電気現象として、猫の死だけではなく人間にも大きな影響を与え、死に至らしめることさえあるとみなされているのである。さらに「ガルヴァーニ電気」にも触れられている。ガルヴァーニ（一七三七—九八、イタリアの解剖学者、生理学者）は一七八〇年に蛙の脚が金属に触れて痙攣をおこす現象に接し、生体の電気現象の研究に端緒を開いたが、この現象が「ガルヴァーニ電気」と称されている。おそらくカントは蛙の脚の痙攣と自分の頭脳の痙攣とが同じエーテルによる電気現象によって発生すると考えているのであろう。『オプス』では「ガルヴァーニ電気は空気電気以外の何ものでもない」（21：117.30）とみなされ、「それなしには人間存在が宇宙において直観的に自分自身を措定することさえないであろう、全宇宙における神経組織的感覚であるこのガルヴァーニ電気」（21：137. 11–14）と記されている。少なくともここでカントはガルヴァーニ電気が人間の主観的活動のすべてを超越して、宇宙に永遠に遍在しているとみなし、これをエーテル作用であると想定していることになる。

「移行」問題に戻れば、「第三批判」における無機的自然から有機的生命体への移行はエーテルの実在によってのみ可能となる。なぜなら、エーテルという物質一般の振動によってのみ全自然は生命を維持するとみなされているからである。しかし「エーテルの存在証明」は未解決にとどまり、実質的にこの移行問題は何も解決されていない。またカントは晩年になればなるほど人間の道徳観に不信感を募らせ、地球において「革命と結びついた、進歩している合目的的発展が……見通すことができる」（21：567. 24–568. 27 参照）とみなしているが、このような見通しの前提になっているのは「他の種のために被造物のさまざまな種は段階的秩序において現存している」（21：566. 24–26）ということである。つまり、「第三批判」では無機的自然は有機的生命体のために組織されているとみなされ、『オプス』ではさらに有機的生命体において植物は動物のために段階的秩序に基づいて組織されていることが前提され、そして今や人類にも道徳的に進歩している「合目的的発展」が見通されているのである。そして大気中のさまざまな電気現象にともなうカント自身の苦しみそのものが「世界新時代Weltepoche」(21 : 567.04)の到来を告げているとみなされ、現在地球上に生息している人類は理性的により高次の、新たな人間性を有する道徳的類の段階へ移行するために生存しており、このようにして「世界身体はたんに力学的にだけでなく有機的にも再生される」(21 : 215. 03-05)と見通されているのである。したがって人類そのものが移行途上にあり、来るべき新たな種を準備していることになる。そしてこのような動力学的自然の諸革命は偉大なる「自然の奸計《かんけい》」に基づいており、これらすべては動力学的エーテルのなせる業なのである。こうしてエーテルには多くの役割が担わされることになったが、それにもかかわらず「エーテルの存在証明」は未解決のままであり、さまざまな「移行計画」がことごとく座礁してしまっている。それはなぜなのだろう?

第八章　超越的領域と超越論的領域

1　実体とエーテル

カントにおける物質と物体および実体の関係が『オプス』では次のように簡潔に示されている。「物質は空間において（また時間において）可動的である。可動的であるものが（内的引力によって）限界づけられている限り物体である、つまり可動的であり、他の物質を動かしている限り、全体は実体として存する」（21：347. 05-08）、と。ここではさらに「運動力の度」に触れられており、諸物質によって物体が構成されるというこれまでのカントの考えが踏襲されていることが理解される。「物体」と「実体」との関係についてはこれに続く一節で「［物質が］多数結合しているものの統一」を「実体」とみなしており、「物体」と「実体」とが同一視されていることになる（21：347. 05-12）。ではエーテルはこのような諸規定とどのように関係しているのだろうか？

ホールは「どこにでも存在している物質」のことをカントが実体と称しているとすればと仮定した上で、「経験の諸類推」における実体と『オプス』におけるエーテルの機能はきわめて類似していると推定している。なぜなら、実体は「第一類推」では時間的には「永遠的に」、空間的には「遍在的に」存在する「諸実体の全体」であり（Hall, 45, 64注27参照）、『オプス』ではエーテルはどこにでも存在する「永遠的で遍在的な物質」であることが繰り返し述べられているからである（21：584. 27他）。「第一類推」において「持続する実体」は時間的統一を維持するための永遠に存する時間性を示し、また同時的に共存しているすべての実体は空間的統一を維持するための空間的遍在性を示しているが、この場合「時間的永遠性」は「第二類推」の主題となり、「空間的遍在性」は「第三類推」の主題となっている。そして『オプス』では永遠的で遍在的なエーテルが「必然的現象」（同）とみなされているが、ホールはこれが「経験的思考一般の要請」の「第三要請」における「質料的《マテリアル》必然性」（A226/B279）と一致しているとみなしている（Hall, 115）。さらに「第三類推」における実体と『オプス』におけるエーテルはともに「空虚な空間の否定」によって「空間を充満し、空間的経験の統一」を保証している。空虚な空間が存在しない動力学的に充満している連続的な諸実体の相互性だけが諸実体を「空間におけるすべての場で、一つの対象から他の対象へと導くことができる」（A212-213）のであり、この相互性は「第三類推」の主題である「同時存在」を前提としてのみ可能である。『オプス』では「熱素は……空間におけるあらゆる物質の相互性を形成している」（21：561. 22–23）とみなされ、「第三類推」における実体の規定と重なっているように思える。同じことは「第二類推」における「空虚な時間の否定」についても指摘しうる。なぜなら持続する時間は「諸物の実存在に属するすべてのものの基体」としての「実体」（B225）とみなされ、この基体との関係においてのみ「第二類推」の主題である「継起的存在」と「第三類推」の主題である「同時存在」とが、「空虚な時間」の否定として表象されることになり（同参照）、実体はどこにでも永遠的で遍在的に存在しており、『オプス』におけるエーテルの規定と重なっているように思えるからである。さらにエーテルは「可能的経験全体の統一の原理」（21：224. 12–13）とみなされているが、このことが意味しているのはエーテルが空間と時間における実体の統一を可能にする基盤であるということであり、したがってエーテルは「第一類推」における「持続する実体」の規定とも重なっているように思えるのである（A183参照）。エドワードも「諸類推」が「エーテル演繹」を先取りしているとみなしている。特に「第三類推」における「どこにでも存在している物質」によって空虚な空間が可能的経験の対象ではないという点についての論証がこの先取りを示していると推定されている。そしてエーテルが経験の空間的統一のための必然的条件であるとすれば、実体もまた経験の空間的統一のための必然的条件であり、エーテルと同様実体もまた空間充満という動力学的観点を先取りしているとみなされているのである（Edward, 148–166参照）。何よりも、実体とエーテルとが媒介として機能しているという点で共通していることはこれまで言及してきた通りである。このようにみなすことができるとすれば、実体とエーテルとがカントにおいて同一視されているように思えるのである。

しかしながら両者には決定的な違いがある。それは基本的に実体が、ヌーメナルである可能性を暗示されてはいるが超越論的領域で、エーテルは超越論的および超越的領域双方で、とりわけ超越的領域で扱われているということである。換言すれば前者は一般形而上学として、後者は特殊形而上学として扱われているのである。この点についてカントは『オプス』では「周延的全体 omnitudo distributiva」と「集合的全体 omnitudo collctiva」という概念によって明確に説明している。前者は悟性に基づく超越論的論理学における全体であり、後者は「一つの経験における諸対象の全体」であり、超越的全体である。この点は「第一批判」においても確認される。つまり、「われわれが…すべての実在の総括というこの理念を実体化するということはわれわれが悟性の経験的使用である周延的 distributiv 統一を経験全体の集合的 kollectiv 統一へと弁証論的に変容するという理由に由来している」(B610)と。前者は「実体」とかかわり、後者の原理は「熱素〔エーテル〕」(21：586. 07–24 参照)であるが、熱素の「絶対的全体」は「可能的経験のいかなる対象でもない」(21：583. 03–09 参照)超越的全体であるということが「弁証論的に変容する」という文言で示されている。先の段落で述べた実体とエーテルとの一致点、「どこにでも存在する」という在り方はエーテルにのみ直接妥当し、実体については間接的にのみ、つまり「どこにでも存在するエーテル」を仮定にしたうえでのみ妥当しうるのである。要するに、超越論的領域では実体にかんして「月と地球」のように直接その存在について言及しうるが、超越的エーテルについては仮定的に月と地球の間の一見空虚な空間に存在しうると、間接的にしかその存在については言及しえないことは先に述べた通りである（第三章第四節）。「空虚な空間と時間の否定」にかんしてもこれに準じている。また「可能的経験の全体の統一」という一致点については、今述べたように、「周延的全体」と「集合的全体」とに明確に区分されており、「媒介機能」についても、実体は超越論的領域において機能し、エーテルは超越論的および超越的領域双方を媒介する機能として各々妥当するのであって、実体とエーテルの媒介機能が同一視されているわけではない。この点を考慮すれば、この節冒頭での引用文は「物質は可動的なものとして表象され、多数の可動的なものが引力によって限界づけられている場合には物体として表象され、物体は実体とも称される」と、実体は超越論的に規定されており、ここでの実体は超越的エーテルとは明確に峻別されなければならないことになる。

　また「第一批判」感性論において対象の空間的時間的規定が「直観の形式的条件」であるのは、ここでの規定が主観的認識諸能力の超越論的規定だからである。これに対し『オプス』ではこの規定が「物質的条件」として性格づけられている場合が多い。例えば、空間については「2つの異なる仕方で空間がわれわれに示されるが、第一に…純粋直観の客観のたんなる形式として…第二に…われわれの表象から離れて実在する何かとして」（21：235. 19–24）と、第二の規定において超越的空間の在り方が示されている。その上でエーテルが「空間を感官の客観にする」（22：508.07）とみなされ、空間が形式的な純粋直観としてではなく、物質的に条件づけられた客観とみなされている。また時間については「世界素材」による「運動諸力に基づく一様で恒常的な時間の持続性が考えられる」（21：220.20–26）とみなされ、時間もまた直観形式としてではなく、運動諸力に基づく物質的条件とみなされているからである。さらに「熱素」は「あらゆる世界物体を一つの体系に結びつけ……相互作用におかれている」（21：279.28–31）とみなされ、ここでの「一つの体系」は超越論的な周延的統一としてではなく、超越的な「世界物体」の集合的統一として物質的に条件づけられている。「経験」にかんしても、「熱素は……それが一つである限り経験における物質の運動諸力の普遍的基盤以外の何ものでもない」（21：580.26–581.02）と、経験が物質的に条件づけられているのである。したがってカントにとって経験は一方では超越論的諸法則に基づく客観的規定であり、他方では、感性と知覚にとっては法外な、超越的領域なのである。批判期においても、「われわれの眼と諸天体の間の光」や「月と地球の間の空間」、さらに「磁気物質に基づく遠隔作用」の例で示されているように、「いたるところに存在する物質」として、確かにエーテルという超越的存在がカントの念頭に置かれていたことは先ほども言及した通りである。要するに、経験は超越論的領域と超越的領域という、一つの領域には還元しえない二つの領域として「裂け目」を生じているのである。ただし『オプス』においては超越的エーテルが超越論的諸カテゴリーに適合され、カントはこれによってこの「裂け目」を解消しようと試みているが、しかしながらこの試みは媒介なしに行われ、「裂け目」は解消されないままにとどまっている。

2　主客同一性の問題

カントは『オプス』においてエーテルの「扇動する諸力の作用の主観的なものである知覚は同時に……現実的である」(21：602. 06–14) と、「扇動する諸力の作用」である超越的エーテルが知覚という超越論的な「主観的なもの」とみなされ、それが「現実的なもの」ともみなされている。さらに「物理学は運動諸力の知覚という客観的側面と……これを結合する自発性とを関連づける主観的側面とを含んでいる」(22：297. 17–19) と、「物理学」が「客観的側面」とみなされた「知覚」と「自発性〔統覚〕」という「主観的側面」とを含んだものとして理解されている。物理学は、『オプス』以前には、経験的な超越的存在を扱う学問とみなされていたのに対し、ここでは主観的な超越論的自発性をも含んでいることになる。例えば、『原理』において物理学は物質一般にかんする「自然科学の形而上学的諸原理」を証明するもの」(04：473 参照) であったのに対し、『オプス』での物理学は物質的側面と主観的側面に基づく「経験そのものの形而上学的原理」を証明するものとみなされているのである。後者の証明が必要なのは一つの経験である「普遍的な経験的学説としての物理学」(22：488. 13) を確立するためである。そしてこのような物理学を可能にしているのがエーテルであり、「熱素」は「可能的経験の統一の原理」(21：224. 11–13) とみなされ、エーテルというこの原理に基づいてのみ「一つの空間、一つの時間、そして一つの物質だけが存在する」(21：224. 03–04) ことが明らかになるとみなされているのである (Hall, 130–131 も参照)。

カントが最も重視していると思われる「裂け目」は前批判期における物質／物体にかんする客観的な「超越的領域」と、それを批判した「コペルニクス的転回」に伴う批判期、特に「第一批判」における認識諸能力に基づく主観的な「超越論的領域」との間で生じている。前者の主題は「物理学」であり、後者の諸能力、特に諸カテゴリーは「自然科学の形而上学的諸原理」の基盤である。そしてこの裂け目を満たすために『原理』において前者に後者が適用されて、物質一般の体系化が企てられることになったのであるが、この企てには超越論的カテゴリーと超越的物質とを媒介するものが欠如しており、この企ては座礁することになる。『オプス』ではこのような媒介を担ったものとしてエーテルが主題化され、「自然科学の形而上学的諸原理から物理学への移行」が計画され、エーテルに多くの機能が委ねられることになったのである。そして「エーテル演繹」ではエーテルの「存在証明」が試みられるが、しかしこの証明でも、『原理』と同様、エーテルに諸カテゴリーが適用され、そのために超越的エーテルと超越論的諸カテゴリーとの間で齟齬をきたし、やはり座礁しているのである。そこでカントはさらに、先ほど触れたように、一方で両領域を統一し同一化する「物理学」を企てているのである。ここにおける「物理学」はもはや前批判期の物理学とは異なり、これらの領域の裂け目を埋めて移行を遂行しうるために「主観的かつ客観的」な、異種的二つの性質を担った媒介として機能するよう企てられているが、それはこのような物理学に基づいて哲学体系を成就するためである。しかしながら、エーテルにこの機能を担わせようとしても、エーテルが主観的かつ客観的である根拠は示されていないのである。ここに「移行」についての最も重要な問題点が孕《はら》まれている。

また他方では「諸原則」、つまり「（直観の諸公理、知覚の予料等）は……物理学の基礎学科をア・プリオリに含んでおり、……この基礎学科はそれ自身物理学の形式をア・プリオリに含む体系である。この体系は物理学の可能性を含んでいる。……統制的原理は同時に構成的原理である」（22：241. 7–19参照）とみなされ、超越論的な統制的原理がア・プリオリに物理学の形式を含んでいることを根拠にして、統制的原理と構成的原理が同一化されている。さらに他の個所では「物理学はそれ自身主観的なもの、つまり物質の運動諸力という概念を一つの体系において結合するという心の活動を示し」（21：631. 05–10参照）、「物質の運動諸力という要素体系は……主観的原理として与えられ」（21：552. 18–22）、「諸カテゴリーのもとにある」（22：342. 30–33）とみなされ、統制的原理と構成的原理との同一化を可能としているのが「主観的な心の活動」とみなされている。この「活動」は諸カテゴリーを作用させている「超越論的統覚」以外の何ものでもないだろう。というのも、先の引用文において客観的側面と主観的側面とを結びつけているのは「自発性」、つまり統覚にほかならないからである（22：297.

17−24 参照）。したがってカントは一方では物理学、あるいはエーテルという客観的な「物質的条件」によって、他方では統覚という主観的な「形式的条件」によって「主客の同一性」を企てていることになる。

ロルマンはこのような主観と客観との同一化によってカントは「ヘーゲルの方向」へ、つまり「主客の絶対的同一性の方向」へと歩み出ているのだろうかと問い、実際にヘーゲルがイエナ期の初期著作において『オプス』の移行計画に取り組んでいたことに言及している（Rollmann, 294）。そしてロルマンはカントにおけるこのような同一性、つまり「絶対的観念論」への歩みは「決定的に却下される」とみなしている（同 292）。なぜなら主観は超越論的な「法則的連関」に基づいて経験を形式的に構成しており、この連関は、この関連の外部の「経験の可能性のための所与である物質」を必要としているからである。実際この所与が主観的なこの形式的関連に基づいて「統覚されない」とすれば、この所与は「人間にとって客観的認識の対象ではありえない」ことになる。このことが意味しているのはカントの大前提が「ヘーゲル的な主観＝客観ではなく、主観と客観とは別物である」ということである（同 292−293）。私も全く同感であり、「別物である」ということは「観念論論駁」においても強く主張されていたことである。このように考えうるとすれば、統覚が人間的認識において主観的なものと客観的なものとを統一する根拠とみなされうるとしても、それはあくまでも超越論的主観における法則的連関に基づいているうえでのことであり、統覚そのものが超越論的領域と超越的領域とを真に媒介する根拠とはなりえないはずである。

統覚はア・プリオリな超越論的—主観的認識諸能力の要であって、超越的側面を備えているなどということはありえない。しかしそれにもかかわらずカントは統覚を主客統一の根拠とみなそうと企てているのであり、「物質的条件」である物理学やエーテルにかんして企てられた「超越的と超越論的との媒介」という機能を、「形式的条件」である統覚にも託そうと企てているのである。したがって超越論的原理の要である統覚と、超越的原理であるエーテル双方に主客統一の機能を託そうと企てられていることになる。しかしこのような機能を統覚と同程度にエーテルが備えているなどということはありえない。なぜならエーテルが人間精神に大きな影響を与えるとしても、それは「電気物質」という物質的条件としてなのであり、エーテルはあくまで物質的条件にとどまるからである。そしてカントにとって主観と客観とは「別物」でなければならないのであるが、それにもかかわらず超越論的領域と超越的領域との同一化が媒介なしに企てられているのである。両領域を結びつけうるためにはそれを可能とし、媒介しうる機能を担った何かが必要なのであり、このような媒介なしに移行は不可能なのである。

結論

カントの哲学体系を完成させるためには「移行」が成就されねばならず、移行を成就するためには媒介機能は不可欠の重要な役割を担っている。移行問題にかんして媒介機能には決定的な役割が託されているが、それにもかかわらず最終的に主客同一性を委ねられたエーテルと統覚は媒介としては結局のところ機能しえず、その結果『オプス』は未完にとどまり、移行は座礁してしまったと考えられるのである。ここにいたるまでカント哲学において媒介機能がどのように扱われてきたのかを振り返ることにする。

「第一批判」原則論の「第一類推」において、諸実体は明確に諸現象と規定されていたが、諸実体の総体である実体は『プロレ』においてヌーメナルな「物自体そのもの」である可能性が示唆されている。したがって実体は一方では諸実体の総体として現象界に属し、他方ではヌーメナルなものとして英知界にも属していることが示唆され、両世界を媒介しうる可能性が暗示されていた。しかしながら実体についてのヌーメナルな規定は曖昧なままであり、その媒介機能が明示されるにはいたっていない。また「第二類推」では時間が、空虚な時間を否定する「どこにでも存在する物質の時間的因果性の連続的な継起」によって、さらに「第三類推」では空間が、空虚な空間を否定する「どこにでも存在する物質の相互的同時存在の共同体」によって、要するに時間的空間的充満によって「どこにでも存在する物質」と「エーテル」との類似性が暗示されていた。『オプス』ではエーテルによる英知界と現象界との媒介機能が明示されており、したがって「第二類推」と「第三類推」における「どこにでも存在する物質」によってもこのような媒介機能が示されているように思える。しかし「第一批判」という超越論的枠組みにおいてエーテルおよびその媒介機能の規定は慎重に回避され、明確に主張されているわけではない（第一章第三節（3）、第三章第四節参照）。また「理想」にも現象界と英知界とを媒介する機能が託されていた。つまり、「因果性」と「必然性」をめぐる動力学的な二つの二律背反を継承し、その「概念規定」と「実在規定」によって両世界を媒介する機能が理想に託されていたのである。ただしこの二つの規定がどのように媒介されうるのかは不明瞭であり、理想の媒介機能もまた曖昧なままにとどまっている。したがって理論哲学において異種的な二領域を媒介する機能はいずれもその役割を明瞭に果たしてはいないとみなしうる。

理論哲学におけるそもそもの媒介機能は「分析論」で扱われたカテゴリーと現象という異種的なものを媒介する「超越論的時間規定」としての図式であった。つまり、すべての現象は「時間的に規定されている」ゆえに時間規定は現象と同種であり、また時間規定はア・プリオリであるゆえにカテゴリーと同種である、したがって時間規定は現象とカテゴリーとを媒介する図式である、とみなされていた（第一章第一節参照）。この場合「実体の持続性」という時間規定が媒介を可能とする根拠となっている。しかし、厳密に言えば、感性と悟性とはまったく異なる認識源泉であり、時間規定そのものはあくまでも感性的領域における規定であって悟性的規定ではありえず、現象とカテゴリーとを媒介しえないとみなしうる。仮にプリオリテートが媒介の根拠とみなされるとしても、ここでのプリオリテートは媒概念としては機能しえない。なぜなら、例えば「勉強するAは眼鏡をかけている／Bは眼鏡をかけている／∴Bは勉強する」という形式論理学における典型的な「媒概念不当周延の誤謬」と同様だからである。というのも、「勉強」以外にも眼鏡をかけている理由は沢山あり、「眼鏡をかけている」という点においてはAとBは完全に重なり合うが、「勉強する」という点では完全には重なり合わないのと同様、純粋直観とカテゴリーとは「プリオリテート」という点では完全に重なり合うが、「直観」と「悟性」という点では重なり合わないからである。

カントは具体的に「図形を描く」場合を例として図式を説明していた。この説明では「図形の一般形式のイメージ」がプリオリテートの根拠となっており、この「一般形式」は構想力の産出能力によって生じるとみなされている。構想力は確かに一方では感性的であり、他方では悟性的である。つまり、A版「演繹論」（A95以下）において構想力は感性領域においては「直観における把捉の多様」を総合し（A98–100）、悟性領域においては「概念における再認識」を総合する（A103–110）ことによって両領域において作用している。またB版において構想力は「対象が存在していなくとも、この対象を直観において表象する能力」(B151)と定義され、「現在していない対象を表象する」という自発性は悟性的であり、「直観において表象する」限りでは感性的である。その限りにおいて構想力は悟性的能力と感性的能力とを備えている。しかしそれにもかかわらず、ハイデガーも指摘しているように、このような構想力の能力はもともとカントにおいては感性にも悟性にも還元しえない独自の根源的認識能力とみなされていたはずである。つまり、「カテゴリーの演繹」A版でカントは構想力の純粋な総合作用は「一切の認識を、特に経験を可能ならしめる根拠をなす」(A118)ものとして、「人間の一つの根本能力」(A124)と認められていたが、B版ではそれが「感性に及ぼす悟性の作用」「直観の対象に対する悟性の最初の適用」(B152)と修正されることになったのである。この点をハイデガーは『カントと形而上学の問題』において、感性が悟性の作用に還元されて「悟性に都合よく……解釈し直されている」と指摘している(Heidegger, 155参照)。要するに、このような構想力の能力は実際、感性と悟性とが独自の認識能力であるのと同様、感性と悟性とは根本的に異なる独自の認識能力として機能し、形式論理学における媒概念では説明しえない能力であるとみなすべきである。例えば「Aは人間である／人間は死すべきものである／∴Aは死すべきものである」という典型的な三段論法の場合、Aは人間によって、人間は死によって完全に包摂され、したがって形式論理学において「人間」は媒概念として機能しうることになる。カントは超越論的論理学においても、感性と悟性とが構想力の図式機能によって包摂関係を可能にするとみなしているが、しかし「図形の一般形式のイメージ」はあくまでも構想力が独自に産出したイメージであって、感性も悟性もそれら自身で「イ、メ、ー、ジ、を産出すること」はできないのである。また具体化した図形は空間と時間という直観形式に従って描かれ、感性的直観に基づいて描かれている。感性と悟性における総合が構想力の再生産能力のおかげで可能になるとしても、また構想力が感性的能力と悟性的能力とを備えているとしても、これら三つの能力は根本的に異なる異種的能力であって、形式論理学における「A」「人間」「死」の関係と同様に、超越論的論理学における異種的な諸能力間での完全な包摂関係は成立しえないであろう。超越論的論理学にはたんなる形式的関係では解消しえない複雑さがあり、ここにそもそも「図式的媒介機能」に基づく「移行問題」の解決の困難さが孕まれていたと考えられるのである。実践哲学の場合も簡潔に振り返ってみよう。

実践哲学において媒介機能を担っていたのは「道徳法則に対する尊敬の感情」である。この感情は「理性的感情」とみなされ、「理性的尊敬」と「感性的感情」とが結びついた感情である。そしてこのような感情によって英知界と感性界との媒介が企てられていたのである。しかしながら「尊敬」と「感情」、「理性」と「感性」とが具体的にどのように媒介されているのかについては何も説明されておらず、このような「尊敬の感情」の媒介機能は曖昧なままにとどまっている（第五章第二節参照）。そして「義務論」においては、同じ「尊敬の感情」に基づいて、純粋な義務の原理（自律）が図式化され、「自律」と「自由の因果性に基づく諸義務」とが媒介されるとみなされているが、しかし義務にかんしても「尊敬」と「感情」とがどのように媒介されているのかは具体的に説明されておらず、したがって実践哲学においても図式的媒介は明瞭に機能していないことになる。では理論哲学と実践哲学とは媒介されているのだろうか？

両哲学の媒介は「第三批判」で試みられており、ここでの媒介機能は「反省的判断力の合目的性の原理」である。この原理は「自然」にかんしても「自由」にかんしても立法的ではなく、たんに主観的に自分自身に対して立法的な「自己自律」の原理にすぎない。したがってここではすべてが「かのように」遂行されることになり、客観的に媒介として機能しえないゆえに『オプス』での「エーテルの存在証明」を必要とすることになったのである。また「第三批判」第二部において理論的領域から実践的領域への移行が試みられていたが、ここでの「自然」は「有機的自然」であり、理論的領域における機械論的自然ではない。したがって「自然」から「自由」への移行といってもこの移行は直接的に理論的領域から実践的領域への移行を示してはいないことになる。「第三批判」ではさらに「無機的自然」から「有機的生命体」への移行も企てられていた。現代においてもアポリアであるこの移行は「エーテルの存在証明」によってのみ可能となり、「反省的判断力の媒介機能」に基づく移行と同様、「エーテルの存在証明」に委ねられることになる。なぜなら、無機的な外的諸関連に基づく自然の体系の根底に「有機化の内的体系」とこれを可能とする「活動原理」が存しており、この活動原理こそエーテルにほかならないとみなされているからである。カントはエーテルが無機的自然のみならず、有機的生命体をも形成しうるとみなし、さらにエーテルは人間精神にも多大な影響を与えると推測している。しかしこのような「内的体系」は結局「われわれの悟性によっては展望されえない、反省的判断力のための統制的原理」にすぎないのである。したがって「エーテルの存在証明」は不可能であり、エーテルは媒介として明確に機能しえず、この移行も遂行されないままにとどまっている。

以上のさまざまな移行の中でもカントが最も重視し、中心的に論じている「超越論的領域と超越的領域との間の移行」は「自然科学の形而上学的諸原理から物理学への移行」の基盤となる移行である。この移行計画は、最終的にエーテルと統覚に媒介機能を託されることになるが、それ以前の段階においても、超越的物質一般に超越論的カテゴリーを適用している『原理』と、エーテルにカテゴリーを適用して「エーテルの存在証明」を試みている『オプス』においてこの移行計画が試みられている。しかし超越的原理（エーテル）への超越論的諸原理（カテゴリー）のこのような適用は、「別もの」であるべき両原理を、どのような媒介も介在することなくあらかじめ結びつけてしまっている。したがってこのような適用そのものが移行を不可能にしていると考えられるのである。この問題はカント哲学において「ア・プリオリな総合判断」、つまり合理論（形式的条件）と経験論（物質的条件）の総合という構想そのものに内包されているといえる。

またカントは主観の超越論的な形式的条件である「意識の流れ」を「時間の流れ」と同一視しているが（第一章1節参照）、この点を考慮するなら、例えばベルクソンのような現代哲学との関連も見えてくる。というのも、ベルクソンは「現代において最初に哲学の中心に「時間の問題」を据えた」のであるが、ここでは「意識」が「流れる時間」として規定されているからである。そしてベルクソンは「流れる時間のもとで、意識が客観性にどうやって到達することができ」、それによって物質的条件だけを問題とする科学が「客観の側からのみ説明」しようとしている「精神」について、その「真の意義を再獲得」しうるということを根本的問題として提起しているのである。このような観点は「形式的条件」と「物質的条件」の間の「裂け目」というカントの問題点の延長線上に位置づけられうるのであろう。（船木 250 参照）。

そして「形式（主観）」と「物質（客観）」をめぐる以上のような諸問題はそもそもプラトン（イデア界）とアリストテレス（個物）との対立にその起源を求めることができる。カントは「移行」をめぐって『オプス』では明確に次のように記している。

「自然科学の形而上学的諸原理から物理学への移行、それは自然の体系に適合した経験一般の学説的体系である」

「一方から他方への移行は1客観の物質的なもの、2主観の形式的なもの、を顧慮して可能となる」（22: 487. 4-5）

あとがき

定年まで数年となった二〇一五年に『カントと動力学の問題』（晶文社）を上梓することができ、日本ではほとんど問題にされてこなかった「カント的動力学」の問題をできる限り明確にすることに努めた。定年後にカントの遺稿著作、いわゆる『オプス』に取り組むことにした。しかし本格的に『オプス』に取り組んでみると、それは一筋縄ではいかない著作であり、また拙書『動力学の問題』での不十分な記述にも気づかされ、焦点を「移行1—14」で展開されている「移行問題」に絞ることになった。そして基本的なカント哲学体系の構想全体を筆者なりに明確にしておかない限り、矛盾だらけとも思える『オプス』の問題点を絞ることは困難であった。最終的に、諸々の媒介機能の不完全さによりカントの体系は完結するに至らず、いくつかの「移行／裂け目」問題は満たされないままにとどまっていると結論せざるをえなかった。

ただ、例えばヘーゲルの「同一哲学」を厳しく論難し、「差異の哲学」を標榜するドゥルーズは、私の根拠とは全く異なるが、同一的体系に座礁したカント哲学を「差異の哲学」として高く評価している。例えば『差異と反復』では、カントが「時間という直観が欠けている」としてデカルトを批判し、時間を導入した結果「三つの理念に裂け目」が生じ、諸理念は差異化されたままにとどまっていると賞賛している（Deleuze, 141-144参照）。またカントが「エステティーク」を「感性論」と「美感論」という「二つの還元しえない領域」に分断している点については、「感性論」ではカテゴリーという粗い網目に引っかかる感覚だけが扱われ、そこから漏れてしまう多くの差異（あるいは現実的諸感覚）が「美感論」で扱われていると、カント的エステティークを差異化の観点から解釈している。さらに「崇高」の場合には、構想力が他の諸能力と完全に差異づけられて扱われていると評価されている（同224、および原注8参照。また菊地、一九九六、六〇も参照）。要するに、カントが同一性という非現実的な体系的虚構に座礁したのは差異の現実性を見出したからであるとみなされているのである（Deleuze, 116-117参照）。このようなカント解釈には同意し難い面もあるが、体系化に座礁したカント哲学を差異の哲学として位置づける解釈は確かに可能であろう。

またカント自身は、ここでは扱うことができなかった「スピノザ」と「超越論的観念論」との関係について（『オプス』Ⅶ束、22：3 ff. 参照）、スピノザがすべてを「神的直観」によって解決しようとしている思考と自らの「超越論的観念論」とを同一視し、「超越論的観念論は自己自身の諸表象の総括のうちに客観を措定するスピノザ主義である」と言及しているのである（22：64. 5-11参照。松山、二〇一二、二九七も参照）。この同一視は明らかに批判期における超越論的観念論を逸脱している。しかしカントにとってはどうしても満たしえないさまざまな「移行／裂け目」問題を一挙に解決してくれるのはスピノザ的な「神的直観」であると考えるに至ったのかもしれないと考えることもできるのである。というのも、エドワードが指摘するように、ここでカントは「自己触発」を問題として客観を（一）「われわれのうちの客観」、（二）「われわれの外の客観」とみなし、（一）と（二）とを結びつけうる体系を完成させるのは「スピノザ的な神的直観」でしかなく、このことが「超越論哲学はスピノザ主義である」ことの根拠とみなしており（21：99. 5–22、およびEdward, 189参照）、このような解釈も可能であるとみなしうるからである。筆者の観点に基づけば（一）は超越論的領域に、（二）は超越論的領域に帰せられ、カントが両領域の「移行／裂け目」を解決してくれるのは「スピノザ的な神的直観」と考えていることになる。このように推定しうるとすればスピノザと超越論的観念論とのカントによる同一視も唐突なものとも思えず、ある意味でカントの一貫した体系化構想の一つの帰着点とみなしうることになろう。これについては今後の課題としたい。

拙書『カントと動力学の問題』出版後にいくつかの反響があり、池田雄一氏は私の意図を十分に考量した、適切な書評を著してくださり（『図書新聞』、二〇一五年二月六日号）、また加藤尚武氏からは大変に勇気づけられる励ましの書簡をいただいた。これによって改めてカントの『遺稿書作』（『オプス』）に取り組むことができ、この紙上を借りて両氏に感謝申し上げます。

最後に本書の出版にあたって、校正等について晃洋書房編集部井上芳郎氏を煩らせました。丁寧でゆきとどいた配慮のもとで刊行できましたことに感謝申し上げます。

二〇二三年二月二二日

菊地健三

人名索引

〈マ　行〉

〈ヤ　行〉

〈ラ　行〉

事 項 索 引

文献一覧

1 引用したカント著作出版年代順一覧（日本語著作名／原書名／日本語略記／欧文略号／アカデミー版全集巻数／出版年）

『活力の真の測定にかんする考察』: Gedanken von der wahren Schätzung der. lebendigen Kräfte……／『活力測定考』／LK／Ⅰ／1747.

『天界の一般自然史と理論』: Allgemeine Naturgeschichte und Theorie des Himmels……／『天界論』／AN／Ⅰ／1755.

『火について』: Meditationum guarundan de igne succincta delineation／／MI／Ⅰ／1755.

『形而上学的認識の第一原理の新解明』: Principiorum primorum cognitionis metaphysicae nova dilucidatio／『新解明』／PP／Ⅰ／1755.

『自然モナド論』: Metaphysicae cum geometria iunctae usus……／『モナド論』／MP／Ⅰ／1756.

『美と崇高との感情にかんする観察』: Beobachtungen über das Gefühl de Schönen und Erhabenen／『美と崇高』／GSE／Ⅱ／1764.

『ジルバーシュラークの著作「1762年7月23日に現れた火の玉にかんする理論」の論評』: Reconsion von Silberschlags Schrift……／FT／Ⅱ／1764.

『感性界と英知界の形式と原理（教授就任論文）』: De mundi sensibilis atgue intelligibilis forma et principilis／『形式と原理』／SI／Ⅱ／1770.

『純粋理性批判』: Kritik der reinen Vernunft／「第一批判」／KrV／Ⅲ-Ⅳ／1781-1787.

『世界市民的意図における普遍史のための理念』: Idee zu einer allgemeinen Geschichte in weltbürgerlicher Absicht/1784.

『プロレゴメナ』: Prolegomena zu einer jeden kunftigen Metaphysik……／『プロレ』／Prol／Ⅳ／1786.

『人倫の形而上学の基礎付け』: Grundlegung zur Metaphysik der Sitten／『基礎づけ』／GMS／Ⅳ／1786.

『自然科学の形而上学的諸原理』：Metaphysische Anfangsgründe der Naturwissenschaft／『原理』／MAN／Ⅳ／1786.
『実践理性批判』：Kritek der praktischen Vernunft／「第二批判」／KpV／V／1788.
『哲学における目的論的諸原理の使用について』：Über den Gebrauch teleorogischen Principien／「目的論的諸原理」／GtP／Ⅷ／1788.
『判断力批判第一序論』：Einleitung in der Kritik der Urteilskraft／日本語略記なし／欧文略号なし／20／出版年なし
『判断力批判』：Kritik der Urteilskraft／「第三批判」／KU／V／1790.
『人倫の形而上学』：Die Metaphysik der Sitten／MS／Ⅵ／1797.
『諸学部の争い』：Der Streit der Fakultäten／『諸学部』／SF／Ⅶ／1798.
『オプポ・ストゥムム（遺稿著作）』：Opus postumum／「オプス」／OP／XXI-XXII.

なお、『形而上学講義録 L、K』および「手紙」には特に略号は用いていない。

2 欧文二次文献

Baumgarten, Alexander Gottlieb: *Metaphysica* §234. Halae 1757. Reprint in: *Kants gesammelt Schriften*. Vol. 17. Berlin/Leipzig, 1926.

Crusius, Cristian Augst: *Physik* §17, §39 in: *Die Phylosophischen Hauptwerk*. Hildesheim: Georg Olms Verlag, 1969.

Deleuze Gilles: *Difference et Repetition*, Paris: Presses Universitaires de France, 1972.

Edward, Jeffrey: *Substance, Force and the Possibility of Knwledge—on Kants philosophy of Material Nature*, Berkeley/Los Angeles/London: University of Calfornia Press, 2000.

Emund, Dina: *Kants Übergangskonzeptipn im Opus Postumum*, Berlin: de Gruyter, 2004.

Fenves, Peter: *Late Kant—towards another laws of earth* (Routede, New York and London, 2003). 独訳 *Der Späte Kant* (Wallstein Verlag).

Förster, Eckart: *Kants Final Synthesis: An Essey on the Opus Postumum,*

Cambrige, MA: Harvard University Press, 2000.

Friedmann, Michel: *Kant and Exact Sciences,* Cambridge, MA: Harvard University Press, 1992.

Hahman, Andree: *Kritische Metaphysik der Substenz,* · Berlin · New York, Walter der Gruyter 2009.

Hall, Bryan Wesley: *The Post-Critical Kant—Understanding the Critical Philosophy through the Opus postumum*, New York and London: Routledge, 2015.

Heidegger, Martin: *Kant und das Problem der Metaphysik*, Frankfurt am Main. Vittorio Klostermann, 1973.

Hoppe, Hansgeorg: *Kants Theorie der Physik: Eine Untersuhung über des Opus postumum von Kant,* Berlin: De Gruyter, 2004.

Knutzen, Martin: *systema causaruma efficientium,* Leipzig, 1745.

Lequan, Mai: *La critique kantienne de la fiction trompeuse des bergers d'Arcadie dans L'Idée de 1784*: in L'ANNÉE 1884, Librairie Phylosopyique J. VRIN, 2017, 89-102.

Mathiou, Vittorio: *KansOpusPostumum*, editedby Gerd Held. Frnkfurt: Klostermann, 1989.

Rollmann, Veit: *Apperzeption und dynamishes Naturgesetz in Kants Opus Postumum,* Berlin Boston Walter de Gruyter Gmb H, 2015.

Thorndike, Oliver: *Kants transition project and late philosophy—connecting the Opus Postumum and Metaphysics of Morals*, London/New York/New Delhi: Bloomsbury, 2018.

Tuschling, Burkhard: *Metaphysische und Transzendentale Dynamik in Kants opus postumum*, Marburg/Lahn: De Gruyter, 1971.

Udo Reinhold, Jeck: *Hat Kant eine philosophysche Gehirntheorie?* (in: Die Aktualität der Phylosophy Kants. Bochumer Stadien Phylosophy. Band42 Amsterdam/Philadelphia. B. R. Gr*ü*ner. 2004).

3 邦訳二次文献

アリストテレス『形而上学』(「アリストテレス全集」14 巻),『自然学』(「全集」4 巻),『カテゴリー論』(「全集」1 巻) 岩波書店.

ヴォルフ・クリスティアン『哲学一般についての予備的叙説』(山本道雄，松家次朗訳，山本道雄『ドイツ啓蒙の哲学者クリスティアン・ヴォルフのハレ追放顛末記』所収) 晃洋書房，2016 年.
ニュートン『光学』第三版，島尾永康訳，岩波書店，1721 年 (初版 1689 年)，352 頁.
ニュートン『プリンシピア』「規則三」，第三版，中野猿人訳，講談社，1726 年 (初版ラテン語版 1687 年) 482 頁.
プラウス，ペーター『カントの自然科学論』犬竹正幸，中島義道，松山寿一訳，哲書房，1992 年.
プラトン『饗宴』，山本光雄訳，角川書店，初版 1952 年.
ヤウヒ，ウルズラ『性差についてのカントの見解』菊地健三訳，専修大学出版局，2004 年.

4 邦文二次文献

『カント事典』(有福考岳 + 坂部恵編集顧問) 弘文堂、1997 年.
菊地健三「美は無根拠か？」(竹内整一編『無根拠の時代——今あらためてリアリティ・アイデンティティを問う——』所収)，大明堂，1996 年.
菊地健三『カントと動力学の問題』晶文社，2015 年.
酒井潔『人と思想　ライプニッツ』清水書院，2008 年.
酒井潔『ライプニッツのモナド論とその射程』知泉書館，2013 年.
島尾永康『物質理論の探求——ニュートンからドールトンまで——』岩波書店，1976 年 2-3，32 頁.
茶谷直人『アリストテレスと目的論——自然・魂・幸福——』晃洋書房，2019 年.
納富信留「パルメニデス」(神崎繁，熊野純彦，鈴木泉編『西洋哲学史——「ある」の衝撃から始まる——』所収) 講談社，2011 年.
松田禎二『アリストテレスの哲学』行路社，1987 年.
松山壽一『ドイツ自然哲学と近代科学［増補改訂版］』北樹出版，1997 年.
松山壽一『ニュートンとカント——自然哲学における実証と思弁——［改訂版］』晃洋書房，2006 年.
松山壽一『シェリングとカント——『オプス・ポストゥムム』研究序説——』自然哲学法政大学出版局，2021 年.

船木亨『現代思想入門』筑摩書房，2016
山本道雄『ドイツ啓蒙の哲学者クリスティアン・ヴォルフのハレ追放顛末記』晃洋書房，2016 年.
山本義隆『磁力と重力の発見 I 』みすず書房，2003 年.

《著者紹介》

菊 地 健 三（きくち けんぞう）

秋田県生まれ
専修大学大学院博士後期課程修了
現在　専修大学文学部名誉教授

主要業績

『カントと二つの視点――「三批判書」を中心に――』（2005 年，専修大学出版局）
『カントと動力学の問題』（2015 年，晶文社）
共著
『ジル・ドゥルーズの試み』（1994 年，北樹出版）
『西洋の美術――造形表現の歴史と思想――』（2014 年，晶文社）
訳書
『性差についてのカントの見解』（U. P. ヤウヒ著，2004 年，専修大学出版局）等.

カントと「移行」の問題

2023 年 4 月 20 日　初版第 1 刷発行

＊定価はカバーに表示してあります。

著　者　菊　地　健　三 ©
発行者　萩　原　淳　平
印刷者　藤　原　愛　子

発行所　株式会社　晃　洋　書　房
〒615-0026　京都市右京区西院北矢掛町 7 番地
電話　075-312-0788 番㈹
振替口座　01040-6-32280

装幀　尾崎閑也　　印刷・製本　藤原印刷㈱

ISBN978-4-7710-3703-8